참, 미안한 일

한명희 시집

시와
사람

참, 미안한 일

2024년 8월 25일 인쇄
2024년 8월 30일 발행

지은이 한명희
펴낸이 강경호 편집장 강나루 디자인 정찬애
펴낸곳 도서출판 시와사람
등록 1994년 6월 10일 제 05-01-0155호
주소 광주시 동구 양림로119번길 21-1(학동)
전화 (062)224-5319   E-mail jcapoet@hanmail.net

ISBN 978-89-5665-732-5   03810

값 12,000원

*잘못된 책은 구입하신 서점에서 바꾸어 드립니다.
*지은이와의 협의로 인지를 붙이지 않습니다.

이 도서의 국립중앙도서관 출판예정도서목록(CIP)은
서지정보유통지원시스템 홈페이지(http://seoji.nl.go.kr)와
국가자료종합목록 구축시스템(http://kolis-net.nl.go.kr)에서
이용하실 수 있습니다.

공급처 ■ 한국출판협동조합
경기도 파주시 탄현면 오금로 30
주문전화 (02)716- 5616, 070- 7119- 1740

참, 미안한 일

ⓒ 한명희, 2024
이 책의 저작권은 저자에게 있습니다.
저작권에 의해 보호를 받는 저작물이므로
출판사와 저자의 허락 없이 무단 전재와 복제를 금합니다.

■ 시인의 말

잔잔히 나우리 진

물 내 풀 내가 좋아서

윤슬에 풀꽃 향기 스미고

색깔 옷 입은 바람이 불면

자늑자늑 이는 자연의 소리를

풀어내고 싶어

길 위에서 오래 서성였다

한명희

참, 미안한 일 / 차례

시인의 말 · 5

제1부 숲의 완성

14 숲의 완성
16 겨울이 더 유리했다, 흔들리는 것들의 이유를 알기에는
18 그녀는 지하에서 피는 꽃
20 용광로가 피워낸 불꽃
22 집어등 불빛도 불빛인데
24 깊은 숲속에서
26 꿈꾸는 향나무
28 간이역으로 간 구절초
30 세한송백歲寒松柏
32 솟대가 된 새
34 벚꽃, 남은 노래
36 징후
38 로봇청소기
39 눈썹달
40 석류

저녁나절에　42
수박을 썰다　44
무화과는 뒤집힌 꽃이다　45
나무는 달리고 싶다　46

제2부　물 위를 달리는 나비

이사벨 데 포르셀 부인의 초상화　48
물 위를 달리는 나비　50
왕따 나무의 허밍　52
부석사, 잃어버린 시간을 찾아서　54
목수국 그늘이라면　56
민들레 꽃씨　58
풍선초의 비밀　60
색깔을 띤 소나기　62
덧셈 법칙　64
태몽이 출렁이는 방　66
어머니의 습작　68
개나리 꽃그늘　70
노을 그 아득함에 대하여　72

73 걱정인형
74 직조 수련 드로잉
76 견고한 가을
78 병산서원
80 낡은 카누의 꿈

제3부 봄은 계절의 안감

84   봄은 계절의 안감
86   당신, 장구채 신명은 꽃의 영혼
88   해국
90   보라, 그 고독을 버므려
92   깊어가는 하루살이의 밤
94   생을 밀어내는 죽음의 그림자
96   뿔, 아이러니
98   길고양이의 말
100   토란잎을 쓰면 소낙비가 앞서 달리지
102   달리아
104   그 몸짓 애틋해서
106   밥통, 쑥부쟁이꽃

알함브라 궁전의 추억을 연주하다 108
초여름 저녁이 보풀처럼 부풀 때 110
오월을 베어 물었더니 112
개복숭아와 개망초가 있는 풍경 114
어안렌즈 116
꽃숭어리, 피다 117
모태 118

제4부　그들이 사는 방식

그들이 사는 방식 120
작별의 계단을 오르며 121
참, 미안한 일 122
소양강 처녀가 낙조에 젖을 때 124
당근마켓에 내놓은 제비집 126
수레국화에 이끌려 128
사월의 창덕궁 후원 130
자라섬 132
날개의 주소 134
빨간 우편함 135

136 한강 드론라이트쇼
138 싸리꽃 피는 말
140 맹꽁이 노래
142 초록에 물들며
144 술래는 외롭다
146 산책을 ㅅㅏㄴㅊㅐㄱ으로 느리게 걷다가
148 담쟁이
150 홍옥 속엔 네가 있다
152 반달을 화자로 설정한, 초저녁 하늘 초고 시
154 꽃여울은 강물 따라
156 저녁나절

작품론
157 재생과 부활을 꿈꾸는 제의적 시학 / 복효근

참, 미안한 일

제1부

숲의 완성

숲의 완성

새라도 된 양 어디론가 날아가버리는
내 비밀한 생각의 사유와
밤마다 자리를 이탈하는 별의 향방이 궁금했다

발밑에 엎드린 별꽃에서부터 숲이 시작되었고
비로봉 만개한 철쭉의 군무가 소백을 완성했다

된바람에 살갖 터진 박달나무의 쓰라림과
골골이 흘러내리는 물소리 사이로
반음계 높은음을 내는 두견새

해 질 무렵의 저 작은 몸짓과
깃털에 묻은 어둠의 기척을 털어내면
숲이 하루의 문을 닫는다는 걸
소백에 들어서 확실히 알게 되었다

지금은 초록으로 물드는 기도의 시간
가시 돋친 말들을 물리치고
〉

아무것도 탓하지 않는 침묵만이 남아
주름진 손을 하나로 모았다

눈물의 뿌리까지 내려갔을 때
말 대신 사라진 무언가를 위하여
마침내 숲이 숲을 부르는 목소리를 높이고 있었다

겨울이 더 유리했다,
흔들리는 것들의 이유를 알기에는

창문을 열고
훅 치고 들어오는 아침을 맞이하다가

건너편 나이 든 감나무를 바라본다

빨강 노랑 회색 보라
어떤 색은 색깔의 범주에 들지 않는다,를 알기에는
겨울이 더 유리했다

남아 있는 시들이 허공에서 마지막 전시회를 열고 있다

화랑들은 철시를 하고
눈이 나리고
눈꽃을 둘러쓴 홍시들이 흰 고깔의 표정 같기도 하여서

여기만큼 든 나는 갑자기
큰 설산을 하나 넘어온 기분이어서
설산雪山이라는 발음을 바라보고 싶기도 하다가
〉

겨울이 더 유리하다는 것을 알았다
흔들리는 것들의 이유를 알기에는

오래된 감나무가 내민 작은 가지 하나에는
버티는 몇 장의 잎들이 마르고 있다

그가 맨 처음 내게로 왔던 날이, 어느새
감나무 가지에서처럼 매달려 있다

네 뒷모습이 아릿해 보일 때
겨울이 시작되었다

감나무의 둥치가 흔들리는 이유를 알기에는
충분하지 않을지라도

겨울이 더 유리했다
모든 새로운 만남들 역시
그리고 겨울에서 시작되었다

그녀*는 지하에서 피는 꽃

거미줄처럼 얽힌 땅속의 곡선
기꺼이 지상에서 지하로 내려가 사는 사람이 있다

레일 위를 순환하며 콩나물시루 같던 하루를 비우고
생의 잔뿌리를 찾아
종착역에 긴 몸뚱이를 누이면

쓸고 닦는 일에 더께 낀 시간은
그녀의 밑그림이 되는 어둠의 색채로 번득인다

지상은 햇볕이 쨍쨍 내리쬐는 대낮
 지하의 혼곤한 어둠 속에서 아무도 모르게 피는 침묵의 꽃이 있다

그녀는 지상에 없는 사람

여지없이 새벽은 어제처럼 또 빨리 도착해
 땅속 칸 칸으로 들어서 어디론가 떠나고 돌아오는 사람들을 맞이한다
〉

길 속에 갇혀 있던 지상의 길조차
지하에서는 자유롭게 나래를 편다

지하로의 잠행은 그녀만의 삶의 활력
지상과 알맞게 깊은 지하에서 그녀의 꽃이 핀다

* 지하철 환경미화 노동자.

용광로가 피워낸 불꽃

철광석을 녹여 피어나는 꽃은 경이롭다
주물이 나오는 긴 선로를 따라 걸으며
단단한 쇠가 붉은 물이 되어 발화하는 현상을
아이는 신생新生을 품은 꽃이라 했다

희망의 불꽃과 화마 사이에서
이카로스처럼 불안했던 청춘이
마침내 굳건히 버티며 산다는 건
제 갈 길을 잘 찾았다는 방증

조너선 리빙스턴이 꿈꾼 세상
창공 멀리 나는 날개를 부러워한 적 있다

어둠을 뚫고 솟아오르는 불새로 태어나
녹지 않는 날개를 달기까지
얼마나 많은 담금질이 있었겠는가

장성한 청년이 본 것은
노을의 바다처럼 팔팔 끓는 쇳물
〉

꿈의 서막을 예고하듯
밤하늘에 오로라가 피어올랐다

물 같은 불을 오래 견딘 후에야
세상을 견고하게 세우고 살리는 쇳덩어리 무쇠다

집어등 불빛도 불빛인데

우리는 푸른 파랑波浪을 바다라 칭하고
바다가 드나드는 그곳을 항구라 불렀다

작은 배 하나 통통대며 출항하면
집어등 눈빛이 깊어진다

물고기보다 파도가,
파도보다 갈매기가 더 헤엄을 잘 치는 그곳에서
파고波高를 견디는 사람들

밤새 어르고 달래 데려온 새벽을 해안선에 던져놓고
미련 없이 돌아서는 파도의 뒤통수

눈여겨보면 애쓰지 않는 바다가 없다

수평선은 어제 내건 태양을 두 번 다시 걸지 않고
항구는 어제 칠하고 남은 환타빛 물감을 오늘 또 쓰지 않는다

집어등 끈 배 한 척 돌아와

간밤의 일들을 풀어놓고
밤새 불빛에 탄 얼굴들이 어판장 문을 열면
서로를 향한 뜨거운 안부가
입술 위에서 히옇게 마른다

깊은 숲속에서

이곳은 애초에
햇볕이 들지 않는 습지였을까
그늘을 에두른 바위층에 이끼가 덮였다

죽어도 같이 살아보자고 들러붙는 저, 악착

떠도는 것들의 주특기는 틈을 노리는 것
덩치만 컸지 한 발짝도 걷지 못했으므로
방책이 없는 바위는 속수무책이었을 것이다

예고 없이
이끼들은 발끝을 세워 하나씩 일어나고
풍경의 문장들은 푸르러졌다

쉬이 경계를 좁힐 수 없는 빛과 그늘이
바위의 걸음을 떼게 할까

그나마 조그만 전구들이 반짝여
금방이라도 요정들 떼지어 나와서
싱싱한 웃음 출렁일 것 같은데

〉
저 숨 막히는 바위의 생

언제쯤 햇살 한 줄기 바위를 열고 들어와
환한 세상 보게 할 수 있을까

묵언 수행하는 바위에 자라는 이끼만 멋모르고 푸르다

꿈꾸는 향나무
- 창덕궁에서

달빛 고요히 나리는 밤이면 날개가 자라나요

궁宮안 어딘가에서 쓸쓸한 바람 불어오면
오래전 세상을 다녀간 이들의 목소리도 들리네요

옛날은 도처에 있기도 하고 없기도 한데
태정태세문단세 읊조리며
시간의 용트림 앞에 아직 혼자입니다

그때 그 사람들 지금은 없어도
바쁜 구름조차 향기에 기대어 쉬어가는
무어라 말 안 해도 되는 나는 조선입니다

무수한 상흔 앞에서
세월은 돌고 돈다는 말
세월이 약이라는 말

그런 위로하지 마시고
예성연중인명선 광인효현숙경영

흘러간 노래나 한 소절 들려주고 지나가요

돌아올 수 없어
도착하지 못한 새들에 대해
아직도 비상을 꿈꾸는 물결무늬의 뼈대를 보아요

간이역으로 간 구절초

무서리 내리기 전
가을이 아홉 마디로 자랄 무렵

하늘로부터 가장 낮은 자리
가지런히 침목枕木을 이어 달리는 기차는
산모퉁이로 긴 꼬리를 감추고 사라졌다

더 멀어지지 않는 평행선 철로를 따라
둥지를 찾아 귀소하는 새들은
바람보다 앞서 날아갔다

최선을 다해 가까워지는 오래된 목적지를 향해
그리움의 레일을 달리다 보면
풍경은 기억의 원형을 바꾸어 재생되었다

자라지 않는 유년의 간이역에서
물끄러미 하행선을 바라보며 참았던 눈물이
구절초의 구름머리 사이로 흐드러졌다

어머니의 굽은 등에 업힌 낮달이

갈참나무 가지 사이를 빠져나가는 사이
추억은 기차를 타고 내 마음 깊숙이 경적을 울렸다

어둑해지는 간이역 시간 밖에서
날 저무는 줄 모르고 걷다 마주친 아홉 마디 그 꽃은
어머니의 말간 눈빛으로 아롱졌다

세한송백歲寒松栢

갑진년 정월 모일에
추사의 이웃하던 송백 그 몇 그루
화전지 눈밭에 심어주었지

추위로 시드는 설 풍광에 외따로운 집 하나
언필칭言必稱 살아 솟은 나무 그 결로 초묵 짙게 찍어
시들지 않은 뿌리는 끝내 숨겨준 선생

그림 밖으로 천지가 백백이라
소년의 글문 두런두런 눈에 날리는 섬에서
문밖 울타리 빽빽한 안부를 세워
추사는 다시 글을 뿌리로 묻노라고

공의 자께서 침묵하지 않은 변은
청청한 잎맥으로 사철을 지나는 일
한 폭 속으로 모두 나란히 세운 법이
간밤에 잠깐 북촌에 다녀오마던 나무
여전히 파랗게 살아 죽는 법

가시울타리 안 고적한 방에 엎딘 선생

어쩌면은 세찬 바람에 맞선 소나무 같아
사람이 사람으로 산 추사 선생 여전하게
세한의 천 년 외딴 문 안에서
그리 푸르시다 더욱 푸르시다

솟대가 된 새

생이 생각대로 흘러간다면 좋겠지

까치 두 마리
창문에 머리를 박고 주검이 된 날은
허공이 그냥 허공이 아니었다

얼마 지나지 않아
솟대 두 개
대추나무 옆에 우연처럼 세워져

그때 죽은 까치의 환생일까
두 마리 나무새 한참이나 바라보았다

다른 꿈이 깊어
접었던 날개로 다시 날아왔다 믿으니
목각새의 가슴에도 피가 도는 것 같았다

감자밭에 날아온 배추흰나비 한 마리
외할머니의 환생이라 믿고 싶었듯
〉

저기, 솟대 위로 솟아난 두 마리
죽은 까치의 영혼이라 믿으면

내가 바란 생의 한 장면도
언젠가는 그 자리에 다시
현현할 것 같았다

벚꽃, 남은 노래

하늘 가차이
꽃잎의 경이로운 몸짓이
번 그리고 아웃

흑과 백 선명한 보색의 옷 입은 그대
벙근 한때가 눈부셨다고

하냥 환희롭던 마음
그대 밑동 옹이에서 멈추었습니다

깊이 팬 곳에
더없이 아름답게 핀 조그만 꽃무덤

상처를 꽃으로 피워낸 듯
신전의 뜰을 찾아든 순례자의 숭고함 같아

생애 깊이 숨긴 옹이 하나
마음 깊은 곳에서 달그락거린다고

그대 못다 한 사랑 땅으로 내려

파아란 가지 타박타박 걷습니다

남은 생의 다른 길을 길로 갑니다

징후

저물녘 산책
일기예보엔 우산을 챙기랍니다

하늘 표정이 다양해지기 시작합니다

일몰은 적색에 가까운 구름을 앞세워
더욱 찬란한 노을빛을 냅니다

하지가 지난 여름밤에
수직선의 무지개를 볼 수 있다는 건
경이로운 경험입니다

방파제 위에서 발견된 붕어 한 마리
이상 기류를 예감해야 했을까요

앵무새를 훈련시키는 호루라기 소리
점점 빨라지니 더 낮게 가까이 날고 있습니다

양귀비꽃 위를 팔랑거리는 나비들
날개가 젖는 걸 걱정하며 걸었습니다

〉
비가 오면 나비들이 호박꽃 속에 숨는 것처럼
빨리 꽃봉오리 속에 들어가라고 재촉합니다

무릎관절이 욱신거리기 시작합니다

곧 비가 내릴 것 같습니다

우산을 챙겨오길 잘했습니다

로봇청소기

구석구석 흘러내린 소리가 있어

아무도 모르게 순식간에 닦았어요

틈 사이에 끼어 있는 어제 흘린 말까지

막 퇴근한 그는 알아채지 못했지요

모서리에 부딪혀 터져 나온 비명이

바깥으로 샐까 꼭꼭 눌러 삼켰더니

그는 나를 다 안다는 듯 환하게 웃었죠

속속들이 당신은 옳아 뚝 잘린 나의 말

바닥에 나뒹군 부서진 모음들

그림자를 지웠어요, 아무도 모르는 사이

눈썹달

잃어버린 눈썹을 음오월 하늘에서 찾았네

편백 가지 사이에서 배시시한 미소
마음이 맑은 사람들만 볼 수 있다네

하늘을 버리고 내려온 별들과
사람들의 박수 소리가
오색 분수 휘청이는 스텝 속에 묻히면
그냥 주저앉아 눈을 감고 노래 속의 사람이 되네

지금은 여름입니까?

계절을 모르는 사람들의 쏟아지는 질문 사이로
오래전 찔레 언덕에서 들은 숙이 첫 달거리 소식
화르륵 붉어진 그때처럼 불쑥, 불거져
발등에 올라앉은 비릿한 저녁을 읽고 있었네

잊히기 싫은 하늘이
파랬다가 까맸다가 색깔을 바꿔보는 것이라 짐작하면
자꾸 번져 오는 여름밤이 좋아져
나도 달처럼 그렇게 웃어보네

석류

너의 자줏빛 민낯을 좋아했나 봐
동그란 웃음 가득 찬 모습이
오묘하고 놀라웠지

어쩌면 매끄럽고 투명한 광채에 그만 매료되었나 봐

태양이 머리 위에서 빙빙 맴을 돌던 어느 날

붉음으로 진주알 같은 순수를 치장하고
그윽이 익은 가슴이 툭, 터져버렸을 때

내 눈앞에는 두 개의 태양
머릿속에는 천 개의 찬란한 구슬이 쏟아졌지

옷섶을 풀어헤친 속살에
여러 번 손사래 쳤지만

지그시 깨물었던 것들이
와락 쏟아지는 속울음이었는지

새콤달콤한 인생의 어떤 맛으로
입술을 지나서 혀끝에 닿았을 때

그 모두가 보석으로 빛났으니까

저녁나절에

가끔은 들어왔던 나절이라는 말

읍내에서 오릿길 되는 외할머니집까지 걷는
그 거리인 듯 아득하게 들려 오는

고기 몇 근 사주시며 언니랑 아침나절
퍼뜩 댕겨오라는 엄마의 당부 속
나절이란 말이 겨울 햇살 꼬리만큼이나 짧다
둘이 걷던 조붓한 산자락
걸어서 바지런히 다녀왔던 하루
반나절을 뚝 잘라 먹은 시간

꼭 할머니와 엄마 사이에서 발효되던 뚝배기 장맛 같은
땅속 깊이 묻어 둔 곰삭은 김장김치맛 같은
입속에서 차지게 맴돌아
나오는 말

아침나절에, 점심나절에, 저녁나절에
당부를 놓아두시던 당신
〉

외할머니 곁 나란히 누우실 때가 오면
나는 홀로
어느 한나절을 아득하게 서성이겠지

수박을 썰다

너의 문을 열기 전
손가락 움켜쥐고 가만히 귀 기울여
몇 번을 두드려본다

쓰라린 햇살을 쪼개
바람든 숱한 날들의 안부를 물으며

붉은 속살에 까만 사리가 콕콕 박힐 때까지
얼마나 많은 밤을 속으로 울었을까

그 소리 발효된 자리
통 통 통 꽃 핀 공명 느낄 때

문 열어도 좋다는 맑고 고운 호흡들
한입 가득 붉은 말이
다디달게 스민다

내 안에
울음을 품고 수박을 썬다

무화과는 뒤집힌 꽃이다

속정으로 품어

지키고 싶었던

그 마음 몰라주고

꽃 없다 꽃 없다

푸념만 늘어져

푸른 전설 뜸을 들이는 동안

말벌은 아비 어미 무화과 몸을 드나들며

무지개다리를 놓았다

나무는 달리고 싶다

폐선 바닥 뚫린 구멍에
나무 한 그루 자라고 있다

애초 나무의 씨앗
어딘들 떠나고 어딘들 머물지 못했으랴만
폐선에 자리 잡은 저 뜻

번잡한 도시 아스팔트 틈 어디도 싫다
마천루 회색 거리도 아니다

폐선에 올라탄 저 나무 꿈을 꾸는지
바람 속 홀로 골똘하다

끝없는 수평선 무시로 넘나들며
골골샅샅 아득한 나라들을 헤매고 싶었을까

아무도 없는 바닷가 언덕은 꿈꾸기 좋은 곳
나무는 먼바다 쪽으로
가지마다 노스탤지어* 푸른 손수건을 내건다

*유치환의 '깃발' 이미지 차용

제2부

물 위를 달리는 나비

이사벨 데 포르셀 부인의 초상화
- 고야의 그림 앞에서

액자 속 고야의 그림을 오래 바라보고 있다

지긋한 미소를 머금은 이사벨 부인
그녀는 의도치 않게
내면에 외간 남자를 숨긴 여인이 되었다

배경 뒤에 숨겨진 미완의 남자
표정이 궁금하지만
그 이목구비는 이미 뭉개진 화폭에서 침묵한다

리스본행 야간열차 속
도처에 깔린 우연은

화가의 붓을 든 손끝에도 있어

한 남자의 초상화를
한 여자의 초상화가 포근히 품었다

그의 눈썹이 그녀의 볼에 얼비치는 모습을

엑스선이 담아낼 때

우연은 시간 열차를 타고
세계 박물관을 달리고 있다

물 위를 달리는 나비

바람을 거스르는 행위는
등뼈를 곧추세우는 일

작달비가 훑고 간 물의 광장에
하나둘 모인 윈드서핑족
물비린내 맡고 찾아든 수중나비 떼 같다

하얀 포물선 그리며
위태로운 바람처럼
물의 높이를 즐기는 청춘들

파도의 꼭짓점을 향해 날개를 퍼덕이는데
가장 낮게 난다는 것은 힘을 빼는 일인 듯

곤두박질치다가 다시 솟구치기를 여러 차례
온몸으로 부력을 버티며 물살과 한 몸이 된다

수면을 탁본하면 불러 세울 수 없는 바람이 불고
겹치고 겹친 물주름이 퍼지면서 서핑은 시작된다
〉

물 위에서 날거나 달리는 순간만이 안전하다

소용돌이 현실을 뚫고 나비들은 비상할까

중심을 잃고 휘청대도
다시 균형을 잡는 날갯짓만으로
그대는 이미 순풍에 올라탄 것이다

왕따 나무*의 허밍

홀로 선 나무는
사각 틀에 갇힌다

너도나도 사진기를 꺼내 들고 주목한다

아무도 없어 도드라진 홀로를 틀 안에 넣고
프레임을 조절하며 자꾸 웃어보라 말한다

김-치도 꺼내고
치-즈도 꺼내 보이며
맛보라 말한다

돌아서서 배경 한번 훑는 버릇이
그때부터 생겼을 것이다.
알맞은 표정 지어 보이려
힘에 겨운 연습을 했을 것이다

도처에서 나타나는 사각 틀 틈새로
홀로 선 나무는 여럿이 기댄 나무들보다
긴장하고 고된 날들 많았겠다

〉
어느 날 밤의 뉴스 한가운데에서 흘러나온
왕따 나무 한 그루의 이야기

이 생 마지막 허밍을 일기장 한쪽에 빨갛게 그려놓고
제 뿌리 들어올려 높다란 사각 틀에서 빠져나와
지상의 화단에 안착했다는 소식

비음이 성했을 것만 같은
왕따 나무의 허밍

＊들판에 외따로이 서 있는 나무의 애칭.

부석사, 잃어버린 시간을 찾아서

일주문 들어서자, 사위가 고요하다

나부끼는 벚꽃비에 소리가 갇혀 생각이 더 깊어지는 것은
여기에 잃어버린 시간이 머물러 있기 때문이다

동안의 그리움 콕콕 새겨 단청보다 높은 돌계단을 오르며
가장자리마다 동그랗게 앉은 민들레 합장하는 노란 미소에
풍경 쫓아 걷는 길이라고 답례한다

여기서는
내가 희구해온 그 무언가 마주할 것 같아

무량수전 앞에서 배흘림기둥만
물끄러미 바라보다가
마중하러 다시 걷는다

저물녘 늙은 소나무 한 가지
액자처럼 안겨오는 곳에 섰더니

바알간 노을에 가 닿기 위해선

길게 손 뻗은
푸르른 마음부터 읽으라고 한다

늘 같은 빛깔로 아침 해를 품다가
같은 빛깔로 저녁 해를 배웅하는
소나무 한 그루 사이로
그 장엄한 협주를 바라본다

잊고 있던 시간이 노을꽃으로 차오른다

언젠가는 미리내로 떠오를 순정했던 순간들

훅, 천년의 바람 한 줄기 내 안으로 들어온다

목수국 그늘이라면

뜰의 목수국 웅숭깊은 곳이라면
골 깊어진 마음일랑은 숨겨둘 수 있겠다

하얀 수국 속에 처녀귀신 산다는
외할머니의 옛날이야기쯤은
이젠 고요히 잠재울 수 있겠다

어스레한 저녁
친구들과 마당에서 숨바꼭질하던 소녀도 훌쩍 커버렸으니

바닷바람이 꽃잎을 흔들면
이 빠진 꽃송이 사이 사이로
젖은 마음 자락 흘러내릴 테지

내 안 우울의 시든 잎은 똑똑 떼어 내
묻어둘 수 있는 곳이 생겼으니 참 다행이다

뒤란 청포도 아래서
슬픈 노래 한 소절 부르시다가
후렴은 반찬에 버무려 소반 위에 올리셨던

어머님 생각이 난다

여자의 일생 노래는 일인분이어야만 했다

목수국 그늘,
감나무 돌배나무 살구나무 그늘보다
훨씬 향기롭지 않은가

민들레 꽃씨

그러니까, 민들레 꽃씨더러 어디로 떠나느냐
물어본 적 없지

어디든 바람이 데려가니
그저 모난 자리 진자리가 아니길
바랄 뿐이지

꽃씨는 흙이 있는 곳이면 어디든
좋아하는 습성을 지녔지만

그것마저도 뜻대로 할 수 없기에
어느 날 불쑥 목판 사이에 끼어 새싹을 틔웠을 땐
길을 걷다가도 다른 곳으로 옮겨주고 싶어 한참을 서성였지

고모님이 하루에도 몇 번씩
거실 큰 거울 앞에서 양말 두 짝 나란히 벗어놓고
거울 속으로 들어가려고 왼발 들었다 오른발 들었다 할 때도
어디에 가시는가 여쭙지 않았거든

그건 고모님 안에 또 다른 고모님이 계시다는 걸 알았기에

〉
그저, 따뜻한 바람이 손잡고 가는 길에
잘 가시라고 고운 손 흔들어 드렸지

먼 훗날, 내가 먼 길 떠날 때도
누구도 내게 어디로 가는지 묻지 않았으면 좋겠지

저녁새가 어디쯤에서 구름 한 조각 물고 오는지
해가 지면 호박벌이 어디로 숨어드는지도 알았으니

다만, 포근한 바람이 손잡아 주었으면 좋겠지

풍선초의 비밀

풍선초의 너비를 헤아리게 된 건
지난 늦가을이었다

길게 늘어뜨린 푸른 표정의 줄기들을
고사목 주위에 걸쳐 놓을 때만 해도
그저 제자리를 지키는 방식으로 알았다

한참을 들여다보니
초록의 씨방마다 어떤 비밀이 숨겨져 있을까
작은 궁금증이 찾아왔다

내 성장통이 욱신대며 피어날 때
잘 익은 화초꽈리 하나 뚝 따서
입에 넣고 오물거려 본 적이 있었다

톡톡 터지던 그 분홍의 느낌이
몸속으로 천천히 퍼져나가자
딱새알만 한 가슴을 꼭꼭 숨기느라
어깨를 잔뜩 움츠리고 다닌 시간의
수위가 그만 가라앉기 시작했다

〉
풍등처럼 매단 꼬투리에
씨앗 몇 개 품어놓고
풍등초야, 너도 지금
매달린 자식들 올망졸망 가난한 저녁을
여린 손끝으로 뻗쳐나가려는 동안은 아니었느냐

색깔을 띤 소나기

커피 한 잔 들고 창가로 가서 앉는다

하늘이 한바탕 번개를 내리치고 싶은지
천둥소리로 지축을 흔든다

창문이 바르르 떨리고
한동안 고막이 멍멍해졌다

화분들도 불안한지 꽃잎이 떨고 있다

먹구름이 무겁게 내려앉더니
소나기가 한바탕 쏟아져 내린다

살아오는 동안 여러 가지 빛깔을 가진
소낙비가 스쳐 갔다

소녀 시절 초록 칠판에
황순원의 소나기,
세 글자 하얗게 쓰였던 날은
왠지 젖멍울이 더 봉긋해져 오는 것 같았다

〉
중년을 스쳐 간 소나기 한줄기
그때 그 소리와 빛깔이 아니었다면
먼 데서 나를 위해 달려온
석양 녘 말발굽 소리 들을 수 있었을까

천정에서 흘러나오는 음악 소리 밑에서
창가에 앉아보는 커피잔 속에서
소나기의 향기가 코끝에 맡아지는
만년晩年의 색깔을 띤
소나기는

덧셈 법칙

한 줌 덤에 정이 샘솟고 인심이 난다고 했지

난전 아주머니 땅콩 한 됫박에
한 줌 또 한 줌 덤을 자꾸 올리신다

만 삼천 원 땅콩 값에
만 오천 원 내고 돌려받지 않은 거스름돈

이천 원의 미소

꽃밭을 정찰하고 돌아온 꿀벌 한 마리
8자 엉덩이춤으로 동료에게 위치를 알려
무리수의 벌들을 데려갔다

벌집이 꿀물로 꽉 찼다

덧셈을 안고 가는 행동이나 말에는
풍요라는 봉긋한 느낌표가 있다

덧셈으로 어우러진 화분에

도란도란 새잎들이 돋아난다

손이 부끄럽지 않은 이 법칙을
삶에 자주 인용해 보인다면

누구나 쉬어가기 좋은
숲이 우거지겠지

태몽이 출렁이는 방
-아트블랭킷 29인의 드로잉 태몽 그림전을 보고

색색의 태몽을 담고 있는
엄마의 자궁은 몽환적입니다

알토랑진 밤톨을
치맛자락에 넘치도록 주워 담던 엄마가
여자애를 낳은 것은
삼신할매의 한눈판 실수였을까요

폴리시폰 화폭에서
무지갯빛으로 하늘거리는 꿈은
시공을 넘나드는 모성애여서

엄마는 아름드리 복숭아나무에서
제일 예쁜 것 하나 따 먹기도 했대요

날개를 활짝 펼친 공작새 한 마리
가슴에 들인 날은
엄마도 새가 되고
〉

똬리 튼 새끼뱀 무리에
선뜻 다가서기도 하면서

오래된 엄마는 이따금
용이 하늘로 승천하는 꿈을
배냇저고리에 몰래 그려 넣곤
우리 아이 승승장구하길 바랐지요

태몽이 출렁이는 방엔
엄마의 꿈이 환하게 꽃으로 피어
여적도 긴 꿈을 꾸고 있습니다

어머니의 습작

앞마당 토란밭은 어머니의 습작 노트
침침한 눈에 연 나눔이 복잡하다시며
해마다 통연으로 쓰신다

쌀뜨물 뿌려주며 한 행
잡풀 뽑으며 한 행
토란잎에 하늘빛 곱게도 담으셨다

일취월장 시심 부풀어 오른 날은
수탉에 찢겨나간 잎도 괘념치 않으시며

빗물받이 양철통에 난타 공연 펼쳐지면
토란잎 물방울 속에 낮달을 숨겨두고
시침 뚝 땐 미소는 고와서 슬펐다

고된 하루 초저녁잠에 접어 둔 습작노트
뙤약볕에 또 펼치시기를 거듭
책갈피마다 꼬들해진 시어들
늦가을 퇴고하신 시첩을 택배로 받았다
〉

저물녘 그 시를 풀어 육개장을 끓였다
시작노트 갈피엔 당신의 땀이 배어
소금을 치지 않아도 간이 맞았다

코끝이 매워 당신의 맛을 오래오래 씹었다

개나리 꽃그늘

봄빛 따사로운
개나리 꽃그늘에 앉았어요

기억에 없는 아장아장 걸음을
기억해두라는 엄마의 목소리가 들립니다

머리숱이 많던 세 살 아이
토끼 귀처럼 갈래머리 묶어주고
난생처음 새 신 신고 걸음마 하던 날

뒤뚱뒤뚱 걷다 넘어질 때마다
개나리가 병아리처럼 삐약거리며 따라다녔어요

아이 적 봄소풍 길에도 줄지어 걷던 노랑이들
소곤거림이 더 시끄러웠으니까요

다정이와 손잡고 걷던 천변길에서
노란 시폰원피스 하늘거리며 함께 미소 지어주던 그녀

풍경이 끌어올린 지난날의 추억

흐린 기분이 풍선처럼 부풀었어요

낮게 내려앉은 구름이
새털구름으로 흩어지는 마법을 부렸나 봐요

개나리 꽃그늘에 갇히면 쉽게 빠져나올 수 없어요
노란 속살이 나를 꼭 끌어안거든요

노을 그 아득함에 대하여

만발하던 햇빛은
저물녘에야 강가에 앉는다

내 안에 들어와 나를 출렁이다가
고요히 강물에 몸을 포개는 일몰

노을의 가슴과 물의 심장이 맞닿은
한 줄기 서사

잔잔한 그 이야기를 따라가면
지상의 모든 소음 귓가에서 멀어지고
오롯이 물과 불
붉은 속삭임에 젖어든다

어둠이 무채색으로 세상을 덮는 동안
카누의 노를 젓는 사람, 사람들
저 언덕 어딘가로
부지런히 검은 물길을 가른다

강은 물의 깊이를 가르쳐주지 않아서
노가 닿는 곳까지만 밀어내며 흐른다

걱정인형

걱정이 많으신가요
나를 입양해보면 어때요

내 영혼 물꽃 같아 순도 높은 눈빛이어서
진하고 단단한 걱정도 거뜬히 소화할 수 있어요

위장에 걸려 있는 우리 걱정 당신 걱정
걱정이 걱정이 되는 걱정을 끌어안고
우리의 저녁이 걱정으로 물든 밤

걱정을 뒤집어 걱정을 쏟아 보세요

늘 최고 용량으로 풀 가동 중이니까요

베개 밑 걱정을 품은
잠 못 드는 우리의 밤이잖아요

직조 수련 드로잉

전시장의 직조 틀 앞에 서자
생전 베틀에 자주 앉으셨던 할머니 모습이 떠오른다

사회인이 된 첫해 여름
치자 물들여 만들어주신 배꼽모시조끼

원피스에 걸쳐 입었던 모시옷의 멋스러움
여기 액자 속 직조 작품에서 본다

할머니가 베틀에 끼워 넣던 날실 씨실을
작가는 경사 위사로 촘촘히 짜고
길게 늘였다

작품마다 학의 깃털인 듯 부드러운 그 결이
내 안에 아린 은유로 물결진다

모시풀 출렁이는 들녘에서
베어 온 풀 줄기 손질하시던 주름투성이 손등

삼복더위에 베적삼이 흠뻑 젖도록

삼십 촉 불 밝히시던 할머니

할머니 모시 천에서 나던 모시풀 향기처럼
작가의 작품에서는 수레국화 향기가 난다

견고한 가을

떡메로 호두나무 등을 내리치자
귀하게 품은 자식들 와르르 쏟아 놓는다

어미 젖줄을 빨면서 동그랗게 익을 동안
호두나무는 자식들 몸에 딱딱한 갑옷을 입혔겠다

금지옥엽 사랑에도 병이 들까 봐
해충 들어 호두열매 일찍 떨어질까 봐
어미는 혼신으로 제 몸의 기름을 짜내고
삶의 근육 뽑아서 자식들 갑옷을 지었던 것

어릴 적 내 어머니
흙 만지고 놀아야 병마 이길 힘이 생긴다고
마당에 고운 흙 날라다 오셨다

그 흙으로 두꺼비집 지으며 노는 사이
당신은 고목이 되어가고
딱 그만큼 내 갑옷은 견고해져서

오늘도 동구 밖 내다보시며

하마 듣고 계실까
그 단단한 꿈이 익어가는 소리

병산서원

길 떠나 꽃단풍마냥 술렁였다

옛사람 학문의 자리에 머문 지 오래인
병산 뜨락에는

노송의 침엽을 스쳐온 바람결에
책장 넘어가는 소리 들린다

끝없는 욕심으로 내 안의 내가 없었던 삶의 잔영들이
뜰 앞 목백일홍 나무에 걸터앉았다

만대루 유생들 글 읽는 소리는
낙동강으로 흘러드는 일상이 되어
연두는 자라 그 싹들이 푸르렀다

인仁의 가르침으로
모난 마음의 벽들을
강변 조약돌 마냥
수마水磨로 건너온 교훈의 세월 너머에는
〉

한 마리 학이 되어 앉았다가 가신
거유巨儒의 전설이 아름다워라

들국화는 꽃잎 위에 묵상을 내려놓고
병산의 화두를 꽃내음으로 일렁이고 있다

낡은 카누의 꿈

구석에 방치된 낡은 카누
구멍 뚫린 바닥에 옮겨 자라게 된
담쟁이로 인하여 또 다른 꿈을 꾼다

혼자는 도저히 불가능한 꿈을
바람이 옮겨다 준 씨앗 하나로
새로운 꿈이 꿈틀거리게 되었다

우연히 배경이 되어준 바닥에
담쟁이는 몇 줄기 넝쿨을 뻗어
겹침 기법으로 영역을 넓혀가며 채색한다

넝쿨의 습성은 손에 손을 맞잡고 함께 오르는 것
햇살과 바람을 섞어 멋지게 완성될 것 같다

유화 그리기의 묘미는 덧칠
초벌 채색 위에 덧입혀질 오묘한 색감

카누는 오롯이 그 순간을 기다리는 눈치다
회색이었던 바탕색에

붉은 채색의 작품을 꿈꾸어 볼 거라고 생각한다

강에서 쫓겨난 카누가
지상에서 펼치게 될 꿈의 2악장을
낡은 채로 옮겨갈지도 모를 노년의 내 꿈에도

명도 높은 채색을 하여본다

제3부

봄은 계절의 안감

봄은 계절의 안감

봄은 꽃분홍 실크 속옷을 입어요

가녀린 어깨선에 홍매화
짧은 치마 끝단엔 자장매 물방울무늬
시폰 같은 옷을요

봄밤이
S라인 하늘하늘 흔들며
대지에 몸 누일 때

고 작은 연둣잎들
레이첼의 봄밤을 틀고 포근한 카펫 깔아요

벚꽃나무 위 상현달
덜 영근 반쪽 채울 동안

벽 보고 누운 사람들
빈 가슴 부풀리려
유성은 어디 있나 속앓이를 하겠네요
〉

예쁜 속옷 입고 자면
꿈결이 곱다는 걸
봄도 진즉 알고 있었는지

계절의 가는 촉수가
파르르 떠는 봄이에요

당신, 장구채 신명은 꽃의 영혼

눈꽃이 휘날리는 오후 세 시쯤

해마다 이꽃 저꽃 화사했던
선비촌 길이 자박자박 걸어옵니다

오가시던 길마다 잠자던 꽃씨들
다보록이 싹을 틔워
연두의 이름표를 분간할 수 있을 때면
호미 들고 새벽길 나서는 당신

솔개 난 새싹들 솎아 성근 곳에 심고
흙이 팬 곳, 북을 돋아
시냇물을 흠뻑 뿌려주셨지요

죽계천 따라 쉬멍쉬멍
민속촌에 장구 치러 가시는 당신의 마음자리
그 따사로움 품고 떠난
백일홍 코스모스 맨드라미 금잔화

꽃들의 영혼이

더덩실 덩실 어깨를 들썩이는
당신의 장구채를 잡고 신명 나게 춤을 춥니다

들꽃처럼 낮은 베갯잠이
좋다고 하셨지요

지금도 꿈길에선
무명 치마저고리 떨쳐입으시고
바람결에 향기롭던 꽃들과
덩더쿵 덩덕 우리의 맥脈 실어
하늘을 훨훨 날으시나요

오늘처럼 하얀 눈꽃 세상도 좋겠습니다

해국

육지에서 피면 그대로
길상사 꽃이 되기도 하는 바닷가의 꽃

법당 앞마당에 소담스레
말간 동자승들이 얼굴을 내밀었다

떠다니는 풍문이 바닷물처럼 적막하게 흐르다가
추녀 끝 풍경에 머문다

제주 바다 해녀처럼 뭍을 꿈꾸었을까
성북동까지는 어떻게 찾아왔는지

거친 바다를 떠나온 해국

새벽 예불 소리 듣고
함초롬한 미소에 나비가 찾아든다

이따금 풍경 쫓아 오는 어귀
저 꽃잎은 어떤 불심이 내려앉아
희망을 끌어올리는지

〉
반드시 당도해야 할 그 어떤 곳까지
실어 날라야 할 향기가 있는지

사진을 담는 동안에도
해국은 바람과 어우렁더우렁

멀리멀리 퍼지는 꽃물결 파도 소리 내며
착착 불경을 넘기고 있다

보라, 그 고독을 버므려

보라색을 바라보는 느낌표가 봉긋하다

모든 색이 저들만의 매너리즘에 빠져 간택받으려 할 때, 보라는

한쪽에 고개 숙인 고독한 여인

나이프의 현란한 파티, 빨 주 노 초 파 남,
이 빠진 무지개가 공중 부양을 꿈꾼다

외로운 보라 손을 슬며시 잡고
색채의 무리 속에 들어간다

초록 보라 감싸 안은 온기로
깊이감이 느껴지는 감청 무대

빨강 보라 가벼운 터치로 서로의 간격을 좁힌 건
버건디빛 와인에 취했기 때문일 테다

노랑 보라 뜨거운 눈빛 교감, 파티는 무르익어

갈색 추억의 선율이 흐른다

삶의 리듬을 조율할 줄 알게 된 보라
그녀만의 만추, 빨 주 노 초 파 남 보

❉노랑+보라=갈색 / 보라+빨강=버건디색 / 초록+보라=감청색

깊어가는 하루살이의 밤

하루를 평생처럼 사는 곤충이 있다

소나기 한차례 지나가고
습기 찬 허공 가로등 아래
하루살이 떼의 마지막 잔치가 현란하다

조명받은 무도회 눈이 부시다

밤 깊어 한 마리씩 날개를 접고
빗물 고인 바닥에 툭툭 떨어져 불귀의 길로 떠난다

이내 꺼져버린 불빛처럼
어둠은 이 모든 것을 덮는다

그들에게 하룻길은 이처럼 소중한데
숱한 하루를 쳇바퀴처럼 사는 이들은
아늑해야 할 밤을 함부로 버린다

전봇대 아래 토사물을 쏟고 비틀대며
길바닥에 널브러진 몸뚱이들

밤이 소용돌이친다

누구도 선택할 수 없는
생존의 길이는 하루와 한살이가 같다

사람들이 버린 밤이 서러운지
전봇대 송신이 기우뚱하며
가로등이 깜박깜박 파리하게 떤다

하룻길 알차게 살아내고 떠나는
하루살이의 하루가 길고도 짧다

생을 밀어내는 죽음의 그림자

물 밖이 궁금한 붕어는
인간의 세상을 보고 싶어
솟구치는 도약근을 키웠으리라

짐작이나 했을까
어느 날 갑자기 심장이 멈추어
하천에 내동댕이쳐질 수 있다는 것을

순간의 암전 같은 죽음에도 어떤 방식이 존재할까

천재天災도 인재人災도 아닌
의문의 죽음을 당한 붕어

크게 키운 덩치도 아랑곳없이
강물 위를 둥둥 떠다닌다
모든 유영의 수사가 사라진다

물끄러미 내려다보는 생각 틈으로
이런저런 의문이 파고든다
〉

우주의 품에 사는 사람들도 의문사를 당하는데
한 치 앞도 내다볼 수 없는 게 생이다

고른 맥이 뛰는 매 순간
의미 있게 살아보려 하지만 세상사 녹록지 않다

붕어와 나의 생을 포개어보는 한낮이 흔들린다

뿔, 아이러니

'뿔' 하고 주름진 입술에 힘을 실으면
불쑥 내 머리에 뿔 하나 솟는다
어떻게 발음해도 부드러운 느낌을 담을 수 없다

초록이 넘치던 솔숲에
무수한 뿔들이 싸리버섯이라는 이름표를 달고
빼곡하게 자랐다

움직일 수 없어
천적이 나타나도 꼼짝없이 당하고 마는
그 뿔들을 뽑아 바구니에 담는다
누구의 바구니가 더 빨리 채워지는지
동심까지 불러내어 꼭꼭 눌러 담으면

엄마가 텃밭에서 뽑은 청무를 나박나박 썰어 넣고
싸리버섯뭇국을 끓여주셨던 저녁이
가까워져 오고 있었다

사슴의 뿔을 닮은 싸리버섯이
그날의 식기 안에서 아직도 향기를 품고 있었다

〉
뿔을 지니고 자라는 동물들의 습성은
오히려 온순하였다

길고양이의 말

들키지 않아야 한다는 생각 따윈 버려야 해요
먹어야 살 수 있다는 본능이 밝은 곳으로 나를 데려다 놓죠

벚꽃 잎 질 때쯤이면 볕이 좋다는 걸 말해주지 않아도 알아요
사람들 발걸음 뜸할 땐 일광욕도 즐겨요
눈먼 물고기를 낚기도 하죠
그걸 행운이라고 말하는 사람들도 보았어요

방파제 옆 폐선에 작은 집 한 칸 생겼어요
들여다보지 마세요!
하지 말라는 걸 더 하고 싶어 하는 사람들이 있다는 걸 깜빡했군요
그래도 이해해요, 무관심보다 나으니까요

나름으로는 이마와 등을 잠시나마 맡길 손님을 선택하죠
아무 앞에서나 뒹구는 건 고양이가 아니에요

나비야라고 불러주면 마음 편해질 때가 있기도 하죠

오늘은 이만 총총이에요

토란잎을 쓰면 소낙비가 앞서 달리지

늦봄비가 야무지고 단단하다면
여름비는 느닷없고 야멸차다

정자 옆 토란잎에 내리꽂히는 저 비의 가속도
커다란 잎에 떨어지는 빗물은
모일 새도 없이 흘러내린다

오토카니 앉아 토란잎이 빗물을 어떻게 가지고 노는지
한참을 바라보았다

빗줄기가 점점 약해지자
토란잎에 핀 영롱한 물꽃은
아득한 저 너머의 이야기를 들려준다

보이지 않는 아이들의 웃음소리가
소낙비 몰이라도 하는 듯 비를 앞세우고 내달린다
초록잎 하나씩 머리에 이고
오디가 까맣게 익어가는 언덕으로,

먹을 감아 출출해진 아이들의 입술은 새파래졌다

〉
맑은 꽃 속에서 다섯 명의 아이가 서로를 쳐다보며
동그랗게 웃는다
그냥 재미있어 깔깔깔

무지갯빛 꽃을 오래 들여다본다

아이들이 논둑길을 걸어 집으로 간다
빨강 파랑 슬리퍼 타박타박 끌며

달리아

뭉게구름 물컹 내려앉은 섬의 아침이
달리아 붉은 표정을 더 붉게 했다

소담스러운 꽃송이에서
덜 여문 새벽안개가 보인다
물풀을 스치는 개울물 소리 들린다
풀꽃으로 맺힌 별이 반짝이고
너의 엇갈린 시어가 흐른다

겹겹 잎으로 박제된 어제가
비릿한 섬 바람으로 코끝에 머문다

너의 갈피 24페이지에서
한 귀퉁이 접힌 달리아

오래전 피라미드 속 미라로 고백한
아린 꽃이었다지

천년을 품어 공기에 스러지고
왕후 조세핀의 정원에 갇혀

빛을 보지 못했던 꽃이었다지

아린 전설을 품어야 꽃다운지

국화도에서
멀리 여울목, 빨간 꽃문 열리는 소리 듣는다

그 몸짓 애틋해서

하필, 사람들 발길이 잦은 곳에 쓰러진
호랑무늬나비 한 마리

곁을 스치는 발소리 두려운지
겹친 날개에 힘을 실어보려 안간힘을 썼다

나뭇잎에 올려 길 가장자리 섶에 두었지만
전 생애를 다 살아낸 마지막 숨결이었는지
이젠 미동도 없다

나비의 피돌기가 멈추어가는 시간을 건너는 중이라면
조금만 더 힘을 내어 보자고
몇 년 전 오봉산 메아리를 들려주고 싶었다

그때 바위산을 하산하다가
어지럼증 심한 친구가 넘어져 산을 구르려던 찰라 온몸으로 받쳐주어 친구를 위험에서 구했지만 내가 산 아래로 굴렀을 때 아뜩했었다
짊어진 배낭 두 개의 무게로 중심을 잡지 못했었다

〉
순간 동반한 친구들이 애타게 부르던
메아리가 들렸다

산을 둥글게 감싸 안은 내 이름 석자에 큰 힘을 얻었던
그 산의 메아리를 무음으로 외쳐본다

나비야 날개를 움직여 봐
사월의 봄만 봄이 아니란다

밥통, 쑥부쟁이꽃

빛난 이름값은 쓸모 있을 때만 유효하지

묵정밭 풀숲에 내동댕이쳐져
바싹 언 몸뚱일 손바닥만큼의 햇살에 녹이고 있을지 어찌 짐작이나 했을까

쑥부쟁이 꽃그늘로 떨어져 나가 제 기능을 잃은 뚜껑마저도
아직도 취사 끝 알림 수증기를 치-익 피워올리는 꿈을 꾸고 있는지
꽃그늘 깊은 곳에서 존재를 드러냈다

저녁이면 따끈한 밥을 품고
하룻길에 지친 발소리를 듣던 밥통이 아니던가

언제부터 노숙의 나날이었는지
반짝이던 광채가 사라진 펑퍼짐한 몸체

밤이면 꽃향기에 스며
다시, 재생의 날을 꿈꾸며 달빛을 담았다

〉
버려진 밥통의 비애를 보듬고 싶은지
무리 진 하얀 꽃그늘이 달무리에 그윽하다

알함브라 궁전의 추억을 연주하다

생소한 무대
침묵의 웅성거림은 무대 뒤편의 표정

악기 조율을 끝낸 스물두 명의 단원들
알함브라 궁전의 추억을 감미롭게 연주한다

달빛 드리운 궁전 호수에
콘차 부인을 향한 타레가의 기타 연주가 애절하게 찰방였듯

실연의 아픔과
어린 시절 실명한 애잔한 여정까지
조그만 초크에 얹은 부드러운 손 떨림에
빠져들었다

악기마다 감미로운 선율
묵직했던 공연장 분위기에 날개가 돋힌다

다섯 곡의 연주를 마칠 때까지
자유를 잃은 관객들에게 따뜻한 눈빛 건네고 싶었지만
그녀들과의 거리는 멀었다

〉
기립 박수가 아릿한 여운으로 맴돌 때
무대를 떠나는 그녀들 뒷모습이 눈에 밟혀

무대 뒤편은 다시 웅성거림의 침묵이 흘렀다

초여름 저녁이 보풀처럼 부풀 때

초여름이지만
강변의 해거름이 보풀처럼 부푼다

낮부터 떠 있던 상현달
카누의 짙은 그림자와 금잔화 갈퀴 꽃에
노을이 번졌다

저 명도 높은 색채는
엄마가 매일 저녁 쌀 씻은 물을
토란과 붓꽃에 뿌려줄 때
초록, 보라에 석양이 물들었던 그 풍경 빛깔이다

내 기억 주머니에 채곡인 봉긋한 해질녘은
다감했던 사람들의 달큰한 말들이
굴뚝 연기로 피어 있다

바쁘게 지나온 여정에
저녁의 무릎이 시큰거림으로 아팠을 땐

아슴아슴한 기억한 꼬투리씩 꺼내어

'괜찮아'란 긍정으로 희석했다

내 저녁은 부풀기도 시리기도 하면서
마음밭에 늘 들꽃을 심었다
여적도...

오월을 베어 물었더니

참외 수박 자두 포도 살구 토마토 하지 귤까지
계절의 징검다리를 겅중겅중 건너와
저마다의 빛깔로
하얀 접시 위에 놓였다

오월을 베어 물었다

손톱에 봉숭아 꽃물 들이고
포도밭 툇마루에 앉아 맞선 보던 언니

무심한 세월이 노를 저어
7월의 밤이 가면

빛바랜 잎새만 무성히 더위를 가둔
8월이 올 것이다

청포도알이 입속에서 톡톡 터지며
그날의 일들을 새삼스레 들려줄 때

별빛에 숨어든 밀담이

금지어처럼 튀어나오겠지

돌아 나온 계절이 9월을 가리키면
나는 또 제자리에 흔적만 남기겠지

개복숭아와 개망초가 있는 풍경

그 섬에 가면 북한강 물길 따라
개망초와 개복숭아가 그림처럼 어우러진 길이 있다

노래도 코러스가 받쳐주면 한결 멋진 화음이 되듯
흰 꽃과 푸른 열매 사이사이
때 이른 코스모스와 금낭화 양귀비가 풍경을 덧입힌다

조연들도 섞여 눈에 띄는 풍경이라지만
복숭아와 망초꽃의 어울림이 이처럼 조화롭다니

먼데 산골 마을을 당겨온 듯
예스러움 배인 길을
되돌아 걸으며 오솔길처럼 늘여 본 생각 하나

개망초 개복숭아 이름은 누가 지었을까
두 단어 첫음절 '개'자, 그냥 마땅찮다

생각만으로는 쉬이 해결되지 못할 '개'
차마 말하지 못하는 어떤 이유가 있었을까

여름 뙤약볕에 어머니 같은 꽃이어서
냇가에서 떡 감던 깨복쟁이 동무 같은 열매여서
예쁜 이름으로 불러주고 싶다

봄이면 둘레가 환했던
복사꽃 진 자리에 돋은 열매와
백의민족의 혼이 서렸다는 꽃

스치는 사람마다 이쁘다는 정취 속에 들어
그냥, 그렇다는 얘기를
푸르고 하얀 빛깔로 풀어내어 본다

어안렌즈

다사로운 햇살 너머
색의 시간을 읽으며 걷는다

내 안 렌즈에 잡히는 갈빛 구도 피사체
골 붉은 이야기 주워 손끝으로 매만지며

사각 앵글에 담긴 기호학은 몰라도
노출과 빛에 대한 지식 또한 없어도
장노출 담을 수 있음은
자연에 기대기 때문이다

안개비에 젖은 듯한 눅진한 생각들로
내 생의 채도 가라앉는 날이면
더는 아프지 말라고
동그란 미소 띄워준 사람들아

뺄셈의 보조개로
뭉개기 채색으로
아스라한 배경 뒤편 나를 넣어 공굴리면

가을빛 칸.타.빌.레로 가슴 가득 물이 든다

꽃숭어리, 피다

강변의 봄, 보푸라기가 이는 것은
꽃샘바람의 시샘 때문이지요

매화나무 아래 잔설 몸피가 줄어들고 있지만
홍매화 앞섶 여미며
추위에 술렁이는 오후입니다

햇살을 모은 벤치 위에
모로 누운 그림자 하나
둥글게 몸을 말아 바람을 길들입니다

집 번지를 삭제 했을까요
여러 해 겹친 남루에 마음이 시립니다

척추 휜 우산 둘
지붕 삼아 묶어 둔 채

깜깜한 현실 길을 막아 쥐 죽은 듯 웅그렸어도

노숙의 꿈결 저 너머엔
꽃숭어리 핍니다

모태

접어둔 햇살을 꺼낸 계절의 걸음이
양지를 만드느라 제법 분주하다

화단 귀퉁이 잔설을 헤집고
새싹 하나 고개를 내민다

하늘이 노랗게 보여야 아기가 나온다던
그 말이 생각나자
내게 봄이 생겼다

짧은 물음표의 시간을 지나
영원한 행복 하나 꽃 피운 게
양수 속 열 달을 견디고 나온
사람의 생명 같아서
그래서 더 귀하고 아득해져
자꾸만 들여다보게 되는

봄이여, 달콤한 산고産苦 한 잔을
저, 황금잔에 따라다오

제4부

그들이 사는 방식

그들이 사는 방식

정찰에서 돌아온 숙달된 조교가 춤을 춘다
빠른 움직임으로 만들어내는 엉덩이 춤사위
흡사 무한대의 기호 같다

위치와 방향과 거리에 관한 무한한,
그들만의 무언의 대화법이랄까

밀원을 찾아낸 것이다

격렬한 춤을 끝낸 베테랑이
태양이 뜬 방향으로
접어두었던 날개를 펴고 전진하면
한 무리의 꿀벌 군단이 따라나선다

저 농밀하고도 내밀한 연대
그들이 살아가는
아주 민주적인 방식이다

작별의 계단을 오르며
-소수서원 소혼대

만월로 찬 시간을 굽이굽이 돌아 나오면
조선 원생들의 애틋한 작별의 터 있으니
어느 돌비에 아쉬운 감회 새겨져 있었을까

돌계단 축은 내려앉을 듯 허술하고
잡풀 스웨터를 껴입은 죽계수 물길만 심심해 보인다

흑두루미 한 마리 홰를 치며 솔가지에 내려앉아
사월도 푸른 허공을 헤치며 어디론가 날아간다

책보자기 옆구리에 끼고 소혼대 오르며
천자문 익히러 다니던 어린 도련님들

꾸벅꾸벅 졸며 외우던
하늘천, 따지, 검을현, 누루황
지금도 소혼대 계단 위에는 왁자한 발자국 소리

소란함 속에서

침묵의 시간을 깨운다

참, 미안한 일

찻잔에 뜨거운 물을 붓고
꼬깃꼬깃 접혔던 생을 풀어내는
목련꽃을 마주한다

신이辛夷라는 이름으로 촉을 틔웠건만
생의 끝은 거기 꽃봉오리까지였다

피기도 전에 불에 덖이는
짧은 여정이 아리다

일치하지 못해 뒤엉킨 감정들이
다관 속에서 하나로 풀어졌다

은은한 향기가 좋아서
약효가 좋다 해서

그 향기에 흐린 내 눈을 씻는다

칼칼한 목감기 답답한 목을 위해
그 여린 생의 꿈을 무참하게 하고 말았다

〉
미안하다 미안하다 다독이는데
내 가슴속으로 매운 바람이 불었다

순백의 향기로 꽃피어라
꽃피어라 기어이 다시 피어나라 기도하면서
나는 그저 찻잔 속에서 흔들리고 있다

소양강 처녀가 낙조에 젖을 때

강과 강, 합수의 지점은 아늑하다

소양강에 석양이 깊숙이 스미면
길게 팔 뻗어 포근히 안아주는 북한강

그 모습 물끄러미 바라보던 처녀는
온몸에 알 수 없는 전율이 인다

강의 귓불도 처녀의 가슴도 뜨거워질 때
스피커에선 소양강 처녀가 애잔하게 흐른다

열여덟 소양강 처녀는 해질녘이 좋아
조각배 타고 놀다가
애틋한 사랑의 노랫말을 지었다지
그건 아는 이만 아는 오래된 청춘의 이야기

순정이 볼그레 수줍었을 때

기다림에 붉다 붉다
뚝뚝 떨어지는 그리움

선혈을 뿌린 듯 망울진 동백꽃 보며
돌아와주신다는 맹세가 서러웠다고 했던가

다시 소녀가 되고 싶은 여인도
지상을 품어 안은 낙조에 노랫말이 물들어

앵두 같던 소녀적 순수를 회상한다

당근마켓에 내놓은 제비집

제비 부부가 살던 처마 밑 집을 매물로 내놨다

밤마다 별들의 속삭임에 기대어 잠이 들고
아침엔 이슬 내리는 꿈결에 기지개를 켜던 집

기와를 스친 바람과
매일 두어 차례 울리는 기적 소리가 머물다 가고
철 따라 피는 꽃과 나비의 비행을 감상할 수 있는 집

이외에도 기본 옵션은 몇 개 더 있었다

질 좋은 지푸라기와 흙도 건축의 재료이지만
주재료는 제비 부부의 끈끈한 침이었다

하늘을 지붕으로 이고 살던 제비 부부는
구월 구일 정든 보금자리를 떠나
가족과 함께 남쪽 나라로 간다 했다

그리고,
이듬해 삼짇날 돌아온 부부는

자신들의 집터에 재건축 아파트가 들어선 것을 보았다

그들이 어떤 이들인가, 기본 옵션에 혹했나 보다
당근마켓에 내놓은 아파트가 불티나게 팔렸다

수레국화에 이끌려

허공에도 길이 있는지
철새들 열 맞춰 날고

남보라 수레에 이끌려
길 아닌 길로 자박자박 걷습니다

예고된 비의 향방을 따라
미사리 강 뜰 푸른 캔버스엔
촉촉한 파스텔톤 운치가 채색되었습니다

갓 피어난 풀꽃들의 옹알이를 나비가 도닥이니
화폭은 몽환경에 빠진 듯합니다

안개 자욱한 여백에 풀잎이 아롱지듯
자색 치마 앞품이 다 젖어도 괜찮습니다

뭐, 이런 날은 제멋에 취해 걷다보면
웅숭깊었던 침묵이 가벼워져

칭얼거리다 남은 부질없는 낭만의 부스러기마저도

늘개비에 말끔히 씻기고

일상의 작은 변화에도 설레는 내가
꽃 속에 꽃으로 환합니다

사월의 창덕궁 후원

조팝꽃 웃음 띤 봄바람이
떼떼굴 구르다가

허공 어디서든 도움닫기로
이방 여인들 치맛자락 들춘다

소나무에 앉았던 새 한 마리
날개에 오방색 단청 빛 물들여 날아갈 때
꽃살문에 기댄 벚나무 가지 하나 휘청인다

호리병 같은 연못에 분분히 날리는 꽃잎
이미 나비가 된 것만 같다

진달래 가지 꺾어 수줍게 건네던 까까머리 아이
아직도 유년의 뒷동산에서 웃고 있다

여기, 진달래 아련한 꽃빛
달아나던 그 머스마 뒤꽁지가 저랬을까 싶어

꽃은 꽃대로 어여쁘고

사람은 사람대로 동그란

오래전 약속처럼
오백 살 된 뜰에 모였다

무심히 걷는 걸음과 앞서거니 뒤서거니 하면서
꽃비가 내린다

자라섬

자라섬엔 상상을 초월하는 큰 자라가
부동자세로 살고 있다

먹성이 좋아 뱃구레에 들어앉은 것들이 많다
짚라인 레일바이크까지 삼켜 잘 소화하고 있는 걸 보면
과히 거인 자라라 할 수 있겠다

부풀기를 잘하는 꽃씨들은 어디서 날아왔는지
자드락길 언저리마다 색색의 꽃을 피우고

까치지붕 하나 없이 볼록하게 솟은 원두막은 그늘이 드리워
발 빠른 사람들의 휴식처다

자라는, 꽃을 먹으면 소처럼 되새김질을 안 한다
그러니 계절마다 새로운 꽃을 섭식해
보는 이들을 즐겁게 하고

배 한 척 물살을 가르는 곳에
양귀비꽃 살랑거림이 한 폭의 수채화 같은 곳을 느긋

느짓 걸으라 한다

　아껴 읽는 시집처럼 풍경의 창을 느리게 밀며 다니다 보니 어느새 해는 뉘엿뉘엿

　밤에도 재즈 공연이 있던데
　자정이 넘어야 사람들 발길이 뜸해 자라의 뱃구레는 트림을 하며 좀 쉬어보게 될까

　투명 글씨로 연서를 띄워보내며
　어느 물살로도 움직일 수 없는 날만큼 제자리걸음이다

　자라섬의 고마운 한나절, 노을이 스민다

날개의 주소

통기타 색소폰 버스킹에
대학로가 출렁거린다

익숙한 듯 저물녘을 배회하며
누군가 건넨 친절 받아먹는 비둘기들
뒤뚱거리는 걸음에 웃음 씨 번져간다

휘이휘이 후려도 막무가내
못 들은 척 귀를 씻는 새들

날고 싶은 청춘들은 죽지가 가려워도
한때의 시름 달래 뜨거운 몸을 식힌다

있어도 쓸모 없고 없어서 더 간절한
두 부류 한 데 섞여 공원 안 맴돌 때

번지를 잃어버린 날개
저녁 빛에 들랜다

빨간 우편함

오래전 선물받은 빨간 우편함 하나
휴면 계좌처럼 거실에 동그마니 있다

설렘으로 편지를 품던
느티나무 밑의 기억은 이미 아득한데
오도카니 머물러 시간을 자꾸만 되질한다

엽서 한 장 써 들고 달려가면
꼭 있어야 할 자리에서 기다려주던
내 여정의 이정표 같은 것

분홍빛 사연마저 빛의 속도로 전송하며
굽이쳐 흐르는 초연결의 시대에
아직 나가기 싫은 까닭이라도 있는 듯

지금 여기,
추억의 잔고만 쌓은 채 고여 있는
빨간 우편함

한강 드론라이트쇼

꽁지에 반딧불을 단
천대의 드론이 일제히 날아올라
하늘 천에 꽃수를 놓는다

모였다 흩어지고 흩어졌다 모이며
한 땀 한 땀에 현란한 빛이 흐른다

나는 유년의 섶에서 반딧불이를
유리병에 모아 형설지공을 흉내 내었지만

과학도들은 드론의 불빛을 모아
사람이 모인 곳에서 꿈의 세계를 그려준다

강이지만
바다의 신 포세이돈이 투구를 쓰고
창을 든 형상을 새긴
우화적인 신의 존재를 보여줄 때

한 컷 한 컷 새겨지는 빛그림에
환호성이 강물에 출렁인다

〉
마른 불빛들이 서로 모였다 흩어지는데
나이를 잊은 내가 환호성을 지른다

이 밤은 바다의 정령들이
뚝섬 한강에 모여 어떤 모의를 하며
들썩일지 상상의 나래를 펴 본다

싸리꽃 피는 말

아침 숲은 밤새 안녕이라고

뽀얀 안개로 화답하며
통통 튀는 새의 가락 공중에 음표로 띄운다

오름길 등마루에
노을빛으로 번진 싸리꽃

싸리, 꽃사리 눈맞춤 하다
떠오른 아버지의 뽀얀 고무신

신발에 그려 신으신 수묵 담채 싸리꽃 두 줄기
가끔은 새와 뒷산 댓잎도
하얀 신코에 너울거렸다

먼 길 떠나온 여수 자붓이 꽃물 드는 나절에
가지마다 품을 넓힌 숲에 송이송이 아련히

무수히 홍자색 언어로 또 핀다 꽃사리
〉

새벽녘 화선지 펼치신 아버지

싸리꽃 말씀으로

맹꽁이 노래

내 살갗에 여름이 왔다는 걸 알았지
그러므로 네가 올 거라는 느낌이 푸르러졌지

깊은 잠을 자는 동안
울음 주머니에 가득 찬 노래
너를 상상하며 부풀어갔지

맹 맹 맹 맹 맹
멀리서 듣고 있다면
꽁 꽁 꽁 꽁 꽁으로 대답해줘

소나기 몇 차례 지나가고
맹 맹 맹 맹 맹 네 울음도 그쳤지

그때 꽁 꽁 꽁 꽁 꽁
대답해 주지 못했는데
무더위가 끝난 여름밤
너는 이미 떠나고 없어
네 노래를 축축한 땅에 묻었지

짝을 찾기 위해 맹 맹 맹
짝이 되기 위해 꽁 꽁 꽁
이번 생의 노래는 서로 닿지 못한 울음으로만 가득하였지

초록에 물들며

아르쉬지에 초록 물감을 풀었다

바림*으로 엷게 번지는
포플러나무의 맑은 생각

어느 결에 도랑물 소리 찰방거리며 흐르고
이름모를 새는 비비쫑, 베비쫑 귀를 적셔 울고

징검다리 몇 개 건너
숲을 감싸안은 조붓한 둘레길

세 시의 초록이 네 시의 초록에게
무슨 말을 건네며
시간의 건널목을 건넜는지

다섯 시의 초록과 여섯 시의 초록은
허공에 띄운 말에 노을빛 물들였는지

혹은 구름의 꼬리만 붙들고 있었는지
〉

그때 그 순간일 순 없지만

여기서는
시시때때로 풀어내는
그 빛깔, 그 소리

*바림은 그라데이션의 순우리말이며, 바림 그라데이션은 번짐을 이용한 화법을 이른다.

술래는 외롭다

오래된 솔숲을 당긴다

찾다 찾다 끝내 못 찾은 소박한 꿈이
소나무 표피 속에 여적 웅크리고 있을 테지

칸칸이 네모진 노트 두 권, 연필 두 자루

보물찾기 쪽지만 찾았다면
'가재미'를 쓴 시인의 시풍을 닮아
자연을 백지에 그려내는 아름다운 글을 썼을지 모른다

아직도, 술래인 난 길 위에서 헤맨다

황소 눈망울이 젖을 때의 석양은 어떤 빛깔인지
강아지풀은 새끼 떠나 땅에 묻힌 어미개의 영혼인지
저물녘 죽계수에 혼밥하는 왜가린 돌아갈 집이 어딘지
목련꽃 봉오리마다 엄마가 비비새를 숨겨 키우는지

눈은 꼭 감았지만, 술래는
뒤꽁지에 몰래 숨겨둔 안테나를 세운다

〉
술래가 천성인 듯
유년의 솔숲에서처럼
남은 여정 길게 서성이겠지

찾고 싶은 것이 많다는 건
내가 좀 더 향기로워지려는 꿈일 테지

산책을 ㅅㅏㄴㅊㅐㄱ으로 느리게 걷다가

  소나무 숲에 산딸나무꽃
초록과 흰색 대비되는 보색은 아니지만, 조화로운 것은
저 푸름과 흰꽃의 열락으로 심장이 아늑해졌기 때문이다

  세필 햇살이 싸리 비질한 산사 마당처럼 고요하고 가지런하여
  한껏 고개를 젖히고 숲과 허공의 은유에 귀를 열어 마음 닿기를 하던 중

  왜가리 한 마리 푸드덕 솔가지를 박차고 날아오른다
  순간 유년의 바구니에 담긴 뿔 달린 싸리버섯들이 날아오르고 미녀 순애 영희 숙자 계집아이들 이름이 모두 재잘거리며 날아오른다

  산과 숲에서 내 피가 좀 더 뜨거워진다는 것을 안다
  그럴 땐 높은 산과 나무 그림자가 모두 가까이 다가와 푸른 말을 건넨다

  풍경들이 전해주는 말에는 청솔가지 타는 내음 고두밥 쪄서 술빚는 냄새가 돌담 위 박꽃처럼 피어난다

〉
 나는 숲의 고요 속에 들어 청산 같은 이름들과 할머니 어머니의 입말 같은 정이 담뿍 밴 은유들을 오래 생각하고 있다

담쟁이

나는 방음벽에 살아요
무엇이든 기어오르기가 주특기
어디든 명령만 내리면 오를 수 있어요

때로는 높고 멀고 쓸쓸하기도 해서
나는 우리가 되어 손에 손을 잡고는 하지요

허공을 짚는 일은 늘 손끝이 아리지만
그것이 나의 생존방식이었지요

꿈으로 끝날 거라는 걸 알지만
가끔 하늘에 닿는 꿈을 꾸어요

꿈속을 걸어가는 동안
사람들의 세상을 엿보기도 하지요
거기에도 음지와 양지가 있더군요
하지만 살아가는 일이란 게 별반 다르지 않았어요

나에게도 겨울이 있지요
지나가는 사람들이 말랐다고 말하며 스쳐가기도 하였지요

〉
봄을 기다려요
산복동네를 오르는 등 굽은 사람들처럼 말이에요

홍옥 속엔 네가 있다

홍옥이란 말속엔 네가 있다

지난 늦여름 여울목에서
물망초 같은 귀엣말을 들려주던 너

풋것의 새콤한 속살 베어 물며
덜 여문 성장통 안으로 안으로 갈무리하여
함께 익어가자 했는데

지금
그 풋사과는 다 어디 가고

감홍 홍로 부사 아리수
생소한 이름만 가판대에 줄지어 앉아
추억만 붉게 엉키는지

무엇이 우리를 시간 밖으로 밀쳐내는가
햇살 골고루 받지 못해 한쪽 귀퉁이
푸르뎅뎅 옹이가 밴
〉

너
그리고 나

그 동그란 말을 건네던 네가 그리워,
입술 모아 불러본다

홍~옥

반달을 화자로 설정한, 초저녁 하늘 초고 시

하늘이 검푸른 원고지를 펼치고
고심 끝에 시의 재제를
반달 사연으로 촘촘히 씁니다

달 곁에 젖은 눈으로 슴벅이던 흐린 별 하나
슬며시 지우는 흔적을 본 건
나만 아는 비밀

여름이면 파란 시심, 더욱 일취월장하지만
반달을 화자로 설정한 날은
천공의 눈자위도 흠씬 젖습니다

예까지 오다가 반쪽을 바다에 빠뜨린 달은
왼쪽 가슴이 허해서
자꾸만 먹구름으로 들어간다고 쓰네요
구구한 변명을 하기 싫을 땐
차라리 숨어버리는 것이 편한가 보다고요

아, 길을 잃은 반달
〉

나도 길을 잃어 헤맬 때
내 안에 다른 나의 하얀 백지 위에
시를 끄적이곤 울먹여집니다

하늘 초고 시가 되고 되는 날
반달이 잃어버린 반쪽을 찾아 청동거울처럼
깨진 인연을 짝 지웠다고 쓰겠지요

꽃여울은 강물 따라

늙은 배롱나무 한 그루
병든 제 무릎에
여린 뿌리 하나 앉히고 떠나갔다

삼백육십오일
불볕에 모진 바람
조울증 같은 날씨 버티고 이겨낸 여름날

무성한 잎새
가지마다 그리움인 듯
그리움인 듯 꽃여울 붉다

어미는
길게 뻗은 가지들 두 해째 새순 돋지 않았어도
어린 새 순 곁을 지켰다

콘크리트가 주변을 꽉 막아
물길이 막혔어도 등 꼿꼿이 펴고
빗물 몇 모금 어린 잔가지들에 흘러가도록 등을 토닥였다
〉

아기 나무는 알고 있을까
죽은 어미가 뿌리 깊숙이 감춰둔 젖줄을 타고
살이 오르고 꽃을 피운 것을

어미가 떠난 자리 딛고 일어나 어미가 되는 것을
강물이 강물을 이어 강이 되는 것을

저녁나절

이따금 들어온 '나절'이라는 익숙한 말
외할머니 집까지 읍내에서 오릿길
그 거리 아늑하게도 한나절 따뜻하다

"고기 서 근 사줄 테니 아침나절 댕겨와라"
엄마의 문장은 겨울 해만큼 짧기도 해
반나절 뚝 잘라 먹고 바지런히 다녀온 날

할머니와 엄마 사이 발효된 장맛 같은
땅속 깊이 묻어 둔 곰삭은 김치맛 같은
입에서 차지게 맴돌아 구수하게 나오는 말

아침나절, 점심나절 당부를 놓는 당신
할머니 곁 나란히 누우실 때가 오면
나 홀로 어느 한나절 아득하게 서성이지

작품론

재생과 부활을 꿈꾸는 제의적 시학
– 한명희 시집 『참, 미안한 일』

복 효 근
(시인)

시에 등장하는 장소는 시인의 감정과 사상을 표현하는 매개체로 작용하며, 읽는 이에게 시인의 시 세계를 더욱 생생하게 전달한다. 장소는 시의 분위기와 주제를 형성하는 데 중요한 요소로 작용하기 때문이다. 장소는 시인의 감정을 표현하는 데 중요한 역할을 한다. 그런가 하면 상징적 의미를 지녀서 시의 의미를 더욱 풍요롭게도 한다. 역사적 장소가 등장하여 시의 배경을 표현해줌과 동시에 역사적 의미를 더해줄 수도 있다. 이처럼 시 작품에서 장소는 시인의 감정과 사상을 표현하고, 독자에게 시의 세계를 더욱 깊이 있게 전달하는 중요한 요소다. 따라서 시를 깊이 있게 이해하기 위해서 장소에 주목하면 효과적일 수 있다.

한명희 시인의 시에서도 장소는 매우 중요한 역할을 하는데, 시에 나타난 장소를 잘 따라가 살펴보면 시인의 시가 지향하는 바가 잘 드러날 수 있다는 것을 알 수 있다. 한명희 시인의 시에 나타난 장소는 결론적으로 말하면 제의적 공간이며 시인만의 성소이며 기도처이다. 여기서 시인은 제사장처럼 혹은 사제처럼 시라는 언어형식을 통해 제의를 행하고 기도하며 자신의 깊숙한 내면과 만난다. 물론 이 공간이 현실 속의 구체적 어느 장소를 가리킬 수도 있으나 그의 시적 사유가 빚어낸 문학적 상상의 공간일 수도 있다.

깊은 내면으로 침잠하여 성찰하고 현실에서 받은 스스로의 상처를 치유하여 '다시 삶'을 꿈꾸며 건강한 삶으로 복귀한다는 의미에서 단순한 현실도피와는 다른 재생과 부활의 공간이라는 점을 잊지 않는다. 시인에게 시는 재생과 부활을 꿈꾸는 기도문이거나 주문이다. 현대인들은 많든 적든 심리적 압박감과 소외감 단절감 등 수많은 심리적 병리현상 등을 경험하고 때로 정신적 외상을 안고 산다. 따라서 시인이 빚어낸 공간에 동참하여 그의 기도와 같은 정결한 언어를 따라가다 보면 재생과 부활의 꿈에 젖을 수 있을 것이다.

> 새라도 된 양 어디론가 날아가버리는
> 내 비밀한 생각의 사유와
> 밤마다 자리를 이탈하는 별의 향방이 궁금했다
>
> 발밑에 엎드린 별꽃에서부터 숲이 시작되었고
> 비로봉 만개한 철쭉의 군무가 소백을 완성했다

된바람에 살갗 터진 박달나무의 쓰라림과
골골이 흘러내리는 물소리 사이로
반음계 높은음을 내는 두견새

해 질 무렵의 저 작은 몸짓과
깃털에 묻은 어둠의 기척을 털어내면
숲이 하루의 문을 닫는다는 걸
소백에 들어서 확실히 알게 되었다

지금은 초록으로 물드는 기도의 시간
가시 돋친 말들을 물리치고

아무것도 탓하지 않는 침묵만이 남아
주름진 손을 하나로 모았다

눈물의 뿌리까지 내려갔을 때
말 대신 사라진 무언가를 위하여
마침내 숲이 숲을 부르는 목소리를
높이고 있었다
- 「숲의 완성」

시인의 시적 사유가 빚어지고 펼쳐지는 공간으로 '숲'이 설정되었다. 좀더 구체적으로 말하자면 소백산의 어느 숲이다. 시인은 어디론가 종잡을 수 없이 종횡무진하는 사유의 행방과 유성이 어디로 흐르는지 늘 궁금하였다. 일관된 철학적 사유에 대한 공복감과 아울러 변화무쌍한 우주 질서에 대한 궁금증을 말한 것이리라. 현실 생활에서 사유란 한 곳으로 모아지기가 좀처럼 어렵다. 일상의 잡다한 고민과 번뇌 크고 작은 잡념들에 쫓겨 순정한 사유를 하기란 쉽지 않은 것이다. 그러다 보면 많든 적든 남을 탓하게 되고 원망하게 되고 때로 그 화살은 자신에게 향해져 상처를 입게 된다. 깊고 일관된, 섭리라든지 진리에 대한 갈증을 말할 것도 없다. 복잡다단한 현실 속에서 돌아볼 겨를이 없다. 그럴 때 그 현실에서 한 발을 빼서 다다른 곳이 '숲'이다. 소백의 숲이다. 구체적으로 소백을 명시했으나 시인의 시에서는 다양한 장소로 변용되는 것을 볼 수 있다. 현실과 완전히 유리된 곳은 아니로되 자아를 깊숙이 들여다볼 수 있는 절리된 공간쯤으로 이해하면 될 것이다.

시인은 이 숲이 어떻게 완성되는지 지켜본다. 숲은 발밑에 엎드린 별꽃과 같이 작은 풀꽃에서 시작하여 만개한 철쭉의 군무로 완성되는 것을 시인은 본다. "된바람에 살갗 터진 박달나무의 쓰라림과/ 골골이 흘러내리는 물소리 사이로/ 반음계 높은음을 내는 두견새" 따위가 더 필요하다. "해 질 무렵의 저 작은 몸짓과/ 깃털에 묻은 어둠의 기척을 털어내면" 숲의 하루는 온전히 완성된다. 작은 미물들의 몸짓과 소리, 심지어는 무생물인 물소리까지 숲을 이루는 요소들이다. 여기엔 "된바람에 살갗 터진 박달나무의 쓰라림"까지가 포함된다. 버릴 게 하나도 없다. 작은 풀꽃이며 새소리, 물소리, 그것들의 상처까지도 숲을 완성하는 소중한 요소인 것이다. 자연의 질서를 이루는 하나하나의 요소인 것이다. 어느 것 하나만 빠져도 숲은 완성되지 않는다.

이 소박한 진리를 깨닫기까지 시인은 하나의 숲이 완성되는 모습에 동참하여 지켜보았다. 그리고 그다음 시인이 할 수 있는 일은 이 작으나 엄연하고 위대한 질서 앞에서 겸손하게 손을 모으는 것이다. "지금은 초록으로 물드는 기도의 시간/ 가시 돋친 말들을 물리치고// 아무것도 탓하지 않는 침묵만이 남아/ 주름진 손을 하나로 모았다." 시인은 "가시 돋친 말들을" 참회하고 "아무것도 탓하지 않으며" 오로지 주름진 손을 모아 기도한다. 작다고 하찮다고 못났다고 함부로 대하고 허투루 지나쳤던 것들과 낮은 자리에서 고통받는 이웃들을, 생명들을 그냥 지나쳤던 일상을 참회한다. 시인의 눈물은 저 낮은 곳에 이른다. 그때 시인은 이 성스러운 숲이 확장되는 소리를 듣는다. "말 대신 사라진 무언가를 위하여/ 마침내 숲이 숲을 부르는" 목소리를 듣는 것이다. 자아가 자아의 견고한 틀에 갇히는 대신 더 큰 자아로 태어나는 경험을 말하는 것일 게다.

시편 곳곳에서 '숲'은 시인에게 각별한 의미를 가지는 공간으로 그려진다. "(소나무의) 푸름과 흰꽃의 열락으로 심장이 아늑해지기도"하고 "산과 숲에서 내 피가 좀 더 뜨거워지기도" 한다. 그리고 "나는 숲의 고요 속에 들어 청산 같은 이름들과 할머니 어머니의 입말 같은 정이 담뿍 밴 은유들을 오래 생각"(「산책을 ㅅㅏㄴㅊㅐㄱ으로 느리게 걷다가」) 하기도 한다. 그러니까 '숲'은 시인에게 영혼의 충전소이기도 하고 심신을 정화하는 성소이기도 하다. 그런가 하면 뉘우치고 참회하여 거듭나는 재탄생의 제단이기도 하다.

    이곳은 애초에
    햇볕이 들지 않는 습지였을까
    그늘을 에두른 바위층에 이끼가 덮여 있다

    죽어도 같이 살아보자고 들러붙는 저, 악착
    느닷없는 동거가 생각할수록 어이없고
    기분이 상했지만 훌훌 떨쳐냈다

    떠도는 것들의 주특기는 틈을 노리는 것
    덩치만 컸지 한 발짝도 걷지 못했으므로
    어떤 방책도 마련하지 못한 바위는 속수무책이었을 것이다

    사전 예고 없이
    이끼들은 발끝을 세워 하나씩 일어나고
    풍경의 문장들은 푸르러졌다

    쉬이 경계를 좁힐 수 없는 빛과 그늘이
    바위의 걸음을 떼게 할까

    그나마 조그만 전구들이 반짝여
    금방이라도 꼬마 요정들이 떼지어 나와서

싱싱한 웃음소리 출렁일 것 같은데

저 숨 막히는 바위의 생

언제쯤 햇살 한 줄기 바위를 열고 들어와
환한 세상을 보게 할 수 있을까

묵언 수행하는 바위에 자라는 이끼만 멋모르고 푸르다
- 「깊은 숲속에서」

  다시 숲이라는 공간이 상정된다. 애초에 "햇볕이 들지 않는 습지"로 여겨질 만큼 칙칙하고 습하고 어두우며 답답한 공간으로 그려진다. 여기에서 등장하는 바위는 일단, 시적 자아와 다르지 않다. 바위에게 이끼가 사전 예고 없이 엄습하였다. 틈을 노리는 주특기를 가진 이끼는 처음엔 바위의 틈새에 안착하여 "죽어도 같이 살아보자고" 악착과 같이 들러붙는다. 느닷없는 동거가 이루어진다. 바위는 어이가 없어 떨쳐내 보지만 어떤 방책도 마련하지 못하고 속수무책이 된다.

  이러한 장면에서 이끼는 무엇을 의미하는지 어렵지 않게 떠올릴 수 있다. 살아가면서 우리 인간에게 서서히 기생하기 시작하여 아예 몸과 마음을 점령하여 주인처럼 군림하는 고뇌와 번민을 경험한다. 사전 예고도 없이 틈입해서 떨쳐내 보려 하지만 그럴수록 악착같이 동거를 요구하는 번민과 고뇌는 "발끝을 세워 하나씩 일어나" 심신을 덮어버린다. "숨 막히는 바위의 생"은 그렇게 시작되어 그렇게 이어지는 것이다. 번뇌와 고뇌는 사는 게 고통일 만큼 일상화되고 삶을 고해로 규정하게 한다. 어쩌면 이 지점에서 우리는 신을 찾게 되고 또 종교를 떠올려 그것을 극복하려 하는 것인지도 모른다. 앞서 살펴본 「숲」에서 '기도'가 생겨나는 지점도 여기다. 이 작품에서 기도에 해당하는 것이 '묵언수행'이다. 바위의 육중함은 묵언수행을 표현하기 위해 매우 적절한 상관물이라 하겠다. '기도'와 '묵언수행'은 한계 지워진 상황으로부터 벗어나기 위한 구원의 노력이라는 점에서 같지만 '기도'가 자신 바깥에서의 조력을 구하는 것이라면 '묵언수행'은 좀 더 내면적인 의미를 지닌다. 고뇌와 고통을 자력에 의해서 떨쳐버리겠다는 의지적 행위인 것이다.

그러나 시인은 이 시에서 '바위'와 '시적 자아' 사이에 객관적 거리를 유지하고 있다. "저 숨 막히는 바위의 생"이라는 표현을 보면 '저' 지시형용사의 쓰임으로 그것을 짐작할 수 있다. '바위와' 시적 자아의 거리감을 표현한 것이다. 또한 "언제쯤 햇살 한 줄기 바위를 열고 들어와/ 환한 세상을 보게 할 수 있을까"라는 문장에서도 보듯이 바위가 맞이할 환한 세상을 마치 관찰자의 입장에서 그려내고 있음을 본다. 고뇌와 고통에서 벗어나려 묵언수행하는 주체인 '자아'를 '초자아'의 입장에서 관찰하는 객관적 태도로 읽을 수 있다. 이러한 태도는 자아를 합리화하는 오류에서 벗어나려는 노력으로 볼 수도 있다. 묵언

수행하는 자아를 다시 한번 객관적으로 성찰하는 의미를 지닌다. "언제쯤 햇살 한 줄기 바위를 열고 들어와/ 환한 세상을 보게 할 수 있을까"라는 문장도 그래서 의문형으로 열려 있는 것이다.

인간의 살림살이에서 고뇌와 고통은 이끼와 같이 악착으로 달라붙는다. "묵언 수행하는 바위에 자라는 이끼만 멋모르고 푸르다." 이끼는 언제나 푸르다. 묵언수행은 단방약이 아니어서 번뇌와 고뇌를 일순간 없애지 못한다. "깊은 숲"으로 상정된 인간 세상은 그래서 사시사철 이끼가 푸르고, 이끼가 바위를 덮은 한 묵언수행은 지속될 것이다. '깊은 숲'에서 시인이 삶을 어떻게 이해하는지 그리고 그것을 어떻게 헤쳐나가는지 그 의지와 자세가 나타나 있다고 하겠다.

    빛난 이름값은 쓸모 있을 때만 유효하지

    묵정밭 풀숲에 내동댕이쳐져
    바싹 언 몸뚱일 손바닥만큼의 햇살에 녹이고 있을지 어찌 짐작이나 했을까

    쑥부쟁이 꽃그늘로 떨어져 나가 제 기능을 잃은 뚜껑마저도
    아직도 취사 끝 알림 수증기를 치-익 피워올리는 꿈을 꾸고 있는지
    꽃그늘 깊은 곳에서 존재를 드러냈다

저녁이면 따끈한 밥을 품고
하룻길에 지친 발소리를 듣던 밥통이 아니던가

언제부터 노숙의 나날이었는지
반짝이던 광채가 사라진 펑퍼짐한 몸체

밤이면 꽃향기에 스며
다시, 재생의 날을 꿈꾸며 달빛을 담았다

버려진 밥통의 비애를 보듬고 싶은지
무리 진 하얀 꽃그늘이 달무리에 그윽하다
-「밥통, 쑥부쟁이꽃」

이 시 작품의 배경은 '묵정밭 풀숲'이라는 공간이다. 여기에 버려진 밥통이 시의 제재다. 시인은 "빛난 이름값은 쓸모 있을 때만 유효하"다고 운을 뗀다. 세상의 통념을 표현한 것이다. 필요 유무에 따라 가치가 매겨지고 취사선택이 결정된다. 낡은 밥통은 아무리 빛나는 브랜드를 가졌을지라도 쓸모가 없어지니 버려지게 된다. 밥통은 "묵정밭 풀숲에 내동댕이쳐져/ 바싹 언 몸뚱일 손바닥만큼의 햇살에 녹이고 있을지 어찌 짐작이나 했을까"? 필요 유무에 따라 운명이 결정되는 것은 인간도 예외가 아니다. 나이를 먹고 기운이 떨어지고 그 효용가치가 없으면 직장에서 밀려나게 되고 심지어 가정에서도 소외되는 것이 인간 세상이다. "반짝이던 광채가 사라진 펑퍼짐한 몸체"는 버려져 아무도 거들떠보지 않는 구석으로 밀려 난다.

그러나 그렇게 버려진다 해서 존재가치마저 없어지는 것일까? 밥통은 "쑥부쟁이 꽃그늘로 떨어져 나가 제 기능을 잃은 뚜껑마저도/ 아직도 취사 끝 알림 수증기를 치-익 피워올리는 꿈을 꾸고 있는지/ 꽃그늘 깊은 곳에서 존재를 드러냈다." 시인의 눈엔 버려진 밥통은 아직도 꿈을 꾸고 있는 것으로 보인다. "저녁이면 따끈한 밥을 품고/ 하룻길에 지친 발소리를 듣던 밥통이 아니던가" 마치 한 가정의 식사를 책임지던 어머니, 아내, 주부를 보는 것 같다. 그들도 늙는다. 늙음은 소외의 이유가 되어 뒷전으로 밀려난다. 그렇다고 꿈까지 없으랴?

'신고려장'이라는 말이 등장하였다. 경제능력을 상실한 노인들은 젊은 세대에게 걸림돌이 된다. 그래서 좀 더 편리하고 안락함을 이유로 노인시설에 살도록 한다. 모두가 그런 것은 아닐지라도 사회가 고령화되어가면서 이제 보편적 현실이 되어가는 것도 사실이다. 그게 보편화된다고 해서 당연한 것은 아니다. 복지, 편리, 안락함도 좋지만 노인들의 존재가치를 필요와 불필요로 나누어 그 존엄성을 지켜주는 사회적 배려는 여전히 절실하다.

시인은 밥통이 "밤이면 꽃향기에 스며/ 다시, 재생의 날을 꿈꾸며 달빛을 담았다."고 말한다. 버려진 밥통도 "재생의 날"을 꿈꾼다. 그리고 "버려진 밥통의 비애를 보듬고 싶은지/ 무리 진 하얀 꽃그늘이 달무리에 그윽하다"

고 그려낸다. 시 작품이 명시적으로 사회적 배려를 주장하지 않은 대신 서정적인 표현으로 인간에게 가장 소중한 부분인 꿈을 그려내고 있는 것이다.

  인간에게는 꿈이 있다. 노년기에 이르러 다시 육체가 새로워져 젊은 시절로 돌아갈 수는 없다 해도 늘 새로운 희망이 있고 정신적으로 영혼적으로 새롭게 태어나 새로운 꿈을 꾸고 더 나은 내일을 설계한다. 그 꿈은 자신에서 실현되지 않는다 해도 그 꿈 자체로 아름다울 뿐 아니라 지혜의 형태로 미래세대에게 전해져 좀 더 따뜻하고 인간적인 세상을 만들어나가게 한다. 그것이 시인이 시를 통해 보여주고자 하는 재생과 부활 의지가 아닐까?

    일주문 들어서자, 사위가 고요하다

    나부끼는 벚꽃비에 소리가 갇혀 생각이 더 깊어지는 것은
    여기에 잃어버린 시간이 머물러 있기 때문이다

    동안의 그리움 콕콕 새겨 단청보다 높은 돌계단을 오르며
    가장자리마다 동그랗게 앉은 민들레 합장하는 노란 미소에
    풍경 쫓아 걷는 길이라고 답례한다

    여기서는
    내가 희구해온 그 무언가 마주할 것 같아

    무량수전 앞에서 배흘림기둥만
    물끄러미 바라보다가

마중하러 다시 걷는다

저물녘 늙은 소나무 한 가지
액자처럼 안겨오는 곳에 섰더니

바알간 노을에 가 닿기 위해선
길게 손 뻗은
푸르른 마음부터 읽으라고 한다

늘 같은 빛깔로 아침 해를 품다가
같은 빛깔로 저녁 해를 배웅하는
소나무 한 그루 사이로
그 장엄한 협주를 바라본다

잊고 있던 시간이 노을꽃으로 차오른다

언젠가는 미리내로 떠오를 순정했던 순간들

훅, 천년의 바람 한 줄기 내 안으로 들어온다
　　　　　　　－「부석사, 잃어버린 시간을 찾아서」

　부석사라는 공간을 배경으로 하였다. 시인의 부활, 재생에 대한 시적 지향을 읽을 수 있는 또 다른 작품이다. 부석사는 시인에게 각별한 의미를 지니는 공간이다. 그 의미가 구체적으로 그려지지 않았지만 '푸른 색깔'로 말해질 수 있을 것 같다. 부석사엔 잃어버린 시간이 살고 있다. 좀더 정확히 말하면 현실에서 잃어버린 시간을 부석사에 가면 만날 수 있다는 뜻이겠다. 현실 세계의 실생활은 천변만화하고 좀처럼 갈피를 잡을 수 없다. 거기에 마음은 울고 웃고 상처를 받고 상처를 입히고 고통과 갈등의 연속이다. 유아기 혹은 어린 시절의 순정한 마음을 지니고 살기 어렵다.

그럴 때 시인은 부석사를 찾는다. 절이다. 그러나 부처나 경전, 불도, 깨우침에 대해서 말하지는 않는다. 벚꽃이 져 내리는 봄날이다. 벚꽃을 보려는 상춘객의 발걸음도 뜸한 시간을 틈타서 부석사를 오르면 거기엔 "잃어버린 시간이 머물고 있다." "여기서는/ 내가 희구해온 그 무언가 마주할 것 같다." 먼저 만나는 것이 '고요'다. 그리고 높은 곳으로 이끄는 '돌계단'이다. 그다음이 "가장자리마다 동그랗게 앉은 민들레 합장하는 노란 미소"다. 그동안 저 아래 세상에서 잃어버린 것들의 목록이다. 시끄러운 소음의 소용돌이 속에서 내 안을 들여다 볼 고요할 틈이 없었다. 정신의 높은 곳으로 이끌어갈 계단도 없이 늘 낮은 진창을 헤매었다. 꽃의 미소에 눈길을 준 지가 얼마나 되었던가……무량수전 배흘림기둥에 그윽히 눈길을 주던 시적 자아는 다시 그 무엇을 향해 발걸음을 옮긴다. 이윽고 "저물녘 늙은 소나무" 아래에서 발걸음을 멈춘다. 그렇다고 소나무가 최종 목적지는 아닌 듯하다. 시인이 가 닿고자 하는 곳은 노을이다. 소나무는 "늘 같은 빛깔로 아침 해를 품다가/ 같은 빛깔로 저녁 해를 배웅"한다. 그래서 소나무의 변치 않는 빛깔, 푸르른 마음부터 읽어야 한다. 태양을 우러르는 항상심을 말한 것이리라. 시인이 잃어버린 바로 그것이다. 소나무는 시인과 노을을 이어주는 다리이다. 소나무가 가리키는 하늘 꽃으로 피어나는 노을을 본다. 소나무 푸른 빛과 노을빛이 어우러진 장엄 협주곡이다. 잃어버린 시간이 노을꽃으로 꽉 채워진다. 노을은 우리가 마지막 이르러야 할 서방정토를 가리키는지도 모른다. 이윽고 노을마저 사라질 것이다. 그 자리엔 맑게, 푸르게, 밝게 되찾은 시인의 순정한 시간들이 미리내로 떠오를 것이다. 지상적 존재로부터 천상의 존재로 부활하는 것이다. 이처럼 이 시는 부석사라는 공간에서 지고지순하고 순정한 존재로 부활하고 재생하고자 하는 시적 지향을 잘 드러내고 있다고 하겠다.

　　육지에서 피면 그대로
　　길상사 꽃이 되기도 하는 바닷가의 꽃

　　법당 앞마당에 소담스레
　　말간 동자승들이 얼굴을 내밀었다

　　떠다니는 풍문이 바닷물처럼 적막하게 흐르다가
　　추녀 끝 풍경에 머문다

　　제주 바다 해녀처럼 뭍을 꿈꾸었을까
　　성북동까지는 어떻게 찾아왔는지

　　거친 바다를 떠나온 해국

새벽 예불 소리 듣고
함초롬한 미소에 나비가 찾아든다

이따금 풍경 쫓아 오는 어귀
저 꽃잎은 어떤 불심이 내려앉아
희망을 끌어올리는지

반드시 당도해야 할 그 어떤 곳까지
실어 날라야 할 향기가 있는지

사진을 담는 동안에도
해국은 바람과 어우렁더우렁

멀리멀리 퍼지는 꽃물결 파도 소리 내며
착착 불경을 넘기고 있다

-「해국」

  해국은 바닷가 언덕에서 자라 꽃을 피우는 식물이다. 그런데 어떤 연고로 성북동 길상사 섭당 앞에 동자승처럼 피어 있다. 이는 실제로 해국이 길상사에 핀 상황으로 이해해도 좋겠으나 또한 해국은 어떤 한 인간에 대한 은유인지도 모른다. 제 살던 곳을 떠나 전혀 다른 환경으로 이주하여 살아가는 생명이란 점에서 이주민을 떠올리게도 한다. 그러나 해국은 우연히 또는 어쩌지 못해 견디면서 사는 모습이 아니다. "반드시 당도해야 할 그 어떤 곳까지/ 실어 날라야 할 향기가 있는지"뭍에 옮겨와서 검

질기게 삶을 이어가는 해녀처럼 "해국은 저 꽃잎은 어떤 불심이 내려앉아/ 희망을 끌어올리는지" 적극적이며 의지적으로 살아 피어나고 있다. 옮겨온 해국이 정착한 곳이 사찰이란 점에 주목한다. "저 꽃잎은 어떤 불심이 내려앉아/ 희망을 끌어올리는지" "멀리멀리 퍼지는 꽃물결 파도 소리 내며/ 착착 불경을 넘기고 있"는 모습에서 수도승, 혹은 불보살을 떠올리게 한다. 그곳이 어디든 본래의 성품을 잃지 않고 향기를 발하는 해국처럼 인간 안에 갖추어진 불심을 찾아 수행하는 불자와 그 모습이 겹쳐진다. 종교적 상상으로 빚어진 이 시는 시인의 소망이 투영되어 있는 것으로 볼 수 있다. 그곳이 어디가 되었든 항상심을 잃지 않고 내면의 자아를 찾아 불심을 가꾸겠다는 의지로 읽히는 것이다. 거듭남의 의지로 해석해도 무리가 없을 것이다.

"구석에 방치된 낡은 카누"에 담쟁이덩굴 씨앗이 날아와 자라게 되면서 카누는 새로운 제2의 생을 꿈꾼다. (「낡은 카누의 꿈」) 낯선 장소에 옮겨와 담쟁이덩굴이 자라면서 색색의 잎을 달고 카누와 더부살이를 한다. "강에서 쫓겨난 카누가/ 지상에서 펼치게 될 꿈의 2악장을" 그리는 것과 같이 담쟁이덩굴도 카누도 새로운 삶을 꿈꾼다.

시인은 "찻잔에 뜨거운 물을 붓고/ 꼬깃꼬깃 접혔던 생을 풀어내는/ 목련꽃을 마주한다."(「참, 미안한 일」) "칼칼한 목감기 답답한 목을 위해/ 그 여린 생의 꿈을 무참하게 하고"만 시인은 가슴 속으로 부는 매운 바람을 느끼며 "미안하다 미안하다 다독인다." 그러면서 목련꽃에게 "순백의 향기로 꽃피어라/ 꽃피어라 기어이 다시 피어나라." 시인은 기도한다. 그것은 목련꽃몽오리에게 하는 기도이기도 하지만 순정한 영혼으로 거듭 태어나고자 하는 시인 자신에게 거는 주문인지도 모른다. 비록 무생물을 대상으로 하고 있지만 시인의 시가 재생과 부활이라는 정신과 영혼의 주제를 천착하고 있음을 보여준다.

하늘 가차이
꽃잎의 경이로운 몸짓이
번 그리고 아웃

흑과 백 선명한 보색의 옷 입은 그대
벙근 한때가 눈부셨다고

하냥 환희롭던 마음
그대 밑동 옹이에서 멈추었습니다

깊이 팬 곳에
더없이 아름답게 핀 조그만 꽃무덤

상처를 꽃으로 피워낸 뜻
신전의 뜰을 찾아드는 순례자의 숭고함 같아

생애 깊이 숨긴 옹이 하나
마음 깊은 곳에서 달그락거린다고

그대 못다 한 사랑 땅으로 내려
파아란 가지 타박타박 걷습니다

남은 생의 다른 길을 길로 갑니다
- 「벚꽃, 남은 노래」

  벚꽃이 화려하게 피고 진다. 신에게 가까이 닿으려는 듯 하늘 가차운 곳이다. 경이롭기 그지없다. "흑과 백 선명한 보색의 옷 입은 그대/ 병근 한때가 눈부셨다." 그 꽃을 보는 상춘객의 마음은 환희심에 넘친다. 그리고 벚꽃이 졌노라고, 봄이 다 가버렸다고 허망하다고, 벚꽃은 왜 그리 빨리 져버리는지 모르겠다고 한마디씩 소감을 남긴다. 그러나 시인의 눈과 사유는 거기서 멈추지 않는다. 벚나무 아래 옹이진 자리를 보게 된다. 거기 "깊이 팬 곳에/ 더없이 아름답게 핀 조그만 꽃무덤"을 발견한다. 나무가 상처를 입어 깊게 파인 곳에 생각지 못한 꽃이 맺혀 피어 있는 것이다. 시인은 거기서 "상처를 꽃으로 피워낸 듯/ 신전의 뜰을 찾아든 순례자의 숭고함 같아" 잠시 숨을 멈춘다. "그대 못다 한 사랑 땅으로 내려/ 파아란 가지 타박타박 걷고" 있음을 본다. 후닥닥 피고 지는 벚꽃이라 하지만 상처가 옹이진 낮고 깊은 자리에 나머지 생을 피워내는 의지를 엿본 것이다. 그리고 "생애 깊이 숨긴 옹이 하나/ 마음 깊은 곳에서 달그락거린다." 그 상처진 자리에서 꽃을 피우는 거듭남의 의지가 시인 자신에게로 옮겨와 마음이 움직이지 않을 수 없다. "남은 생의 다른 길을 길로 갑니다."라는 언술은 벚나무 상처에서 자란 가지에게 해당하는 말이기도 하지만 시인 자신의 의지를 담아낸 말이라고 할 수 있다. 어쩌면 늘 정신적으로 영혼으로 새로이 거듭 태어나고 싶은 재생과 부활의 의지가 있기에 시인의 눈에 상처에서 꽃을 피우는 벚나무가 눈에 들어왔을지도 모른다.

시인의 시집에 수록될 많은 작품에는 여러 가지 메시지와 함께 다양한 목소리가 담겨 있다. 여기서는 '장소'라는 것에 주목하여 시인의 시 정신을 엿보고자 했다. 여기에 언급되지 않은 작품들을 보더라도 시인의 시 정신은 범박하게 요약하면 '재생과 부활'이 아닐까 한다. 시인의 시는 그래서 참회와 기도와 그것을 통해 높고 새로운 정신 세계로 승화하고자 하는 의지의 흔적으로 규정할 수 있겠다. 시인의 시 창작은 삶과 영혼을 고양시키려는 일종의 제의적 행위라 명명해도 무방하지 않을까 싶다. 시인이 혼신을 다하여 시를 써야 하는 이유인 것이다. 인간과 자연에 대한 연민과 따뜻한 시선도 자아에 대한 촘촘한 성찰의 시선도 크게는 이러한 시 정신에 수렴된다 하겠다. 차분하고 정결한 언어 표현 그 안에 담긴 단단한 생의 의지가 이후에 펼쳐질 시에도 든든한 믿음을 갖게 한다.